FEUER KÜCHE

CHRIS BAY
MONIKA DI MURO

FEUERKÜCHE

GENUSSVOLL KOCHEN ÜBER OFFENEM FEUER

KOCHTECHNIKEN, FEUERARTEN UND REZEPTE

at VERLAG

INHALT

DIE KUNST LIEGT IN DER EINFACHHEIT

Immer mehr, immer schneller, immer komplexer und immer noch etwas verrückter. Die Welt der Genüsse findet heutzutage kaum mehr Grenzen, die Informationsflut zu diesem Thema überfordert unsere Sinne. Bei dieser extensiven Vermarktung der Kulinarik laufen die einfachen Gerichte – die wirklich wohltuend einfachen – Gefahr, in Vergessenheit zu geraten. Einfach in dem Sinne, dass dafür kaum ausgefallene Zutaten zu besorgen sind. Und wohltuend, weil die Zubereitung nach unkomplizierten Methoden erfolgt und die Gerichte unserer Seele auch tatsächlich wohltun. Der Gedanke der wohltuenden Einfachheit begleitet uns seit jeher in unserem Wirken als Feuerköche. Und wir möchten ihn teilen.

Feuerkochen ist anders und mehr als nur Grillen. Feuerkochen ist eine alte und zugleich eine neue kulinarische Dimension. Wir gehen an ungewöhnliche Orte und kochen mit und auf dem Feuer. Unkompliziert und unerwartet einfach. Dabei geht es nicht primär darum, ein perfektes Gericht zuzubereiten, sondern die nicht alltägliche Einfachheit zu erleben. Die Einfachheit in der Vorbereitung, in den Zutaten, in der Durchführung. Dabei entsteht ein Erlebnis, das seinesgleichen sucht. Wir kochen hinter Schlossmauern, an Bergseen, in Alphütten, in Kräutergärten oder an anderen Orten, an denen Kochen zunächst unmöglich erscheint. Zu jeder Jahreszeit und bei jedem Wetter. Wir führen Sie in die Kunst der Feuerküche ein, erklären die Grundlagen und kochen zusammen auf dem Feuer. Ohne Thermometer und ohne Stoppuhr. Nach alten Rezepten und nach neuen Ideen.

So haben wir das Prinzip des Feuerkochens entwickelt. Es hat seine Wurzeln in dem für uns elementaren Erlebnis des gemeinsamen Bratens einer Wurst oder eines Apfels über dem offenen Feuer draußen in der freien Natur. Ergeben hat sich daraus eine neue Art von kulinarischem Erlebnis. Ungezwungen und losgelöst von alltäglichen Verhaltensmustern. Alles Unnötige weglassend. Nicht als Survival-Abenteuer, sondern als genüssliche Feuer-Kulinarik.

Monika Di Muro und Chris Bay

GENUSSERLEBNIS FEUERKOCHEN

Wir sind draußen. Unsere Füße versinken im moosigen Waldboden, es riecht nach Harz. Soeben haben wir ein paar grüne Tannenzweige in das kleine Feuer geworfen. Der Rauch vermischt sich mit dem Duft des gebratenen Apfels, der am Stecken gebratenen Wurst. Das gemeinsame Braten oder Kochen über dem offenen Feuer ist ein elementares Erlebnis, das den Menschen tief im Innersten berührt und glücklich macht. Wir haben uns auf die Suche nach dem Grund für dieses Glücksgefühl gemacht.

Erinnern wir uns an unser einfachstes Feuererlebnis zurück. Die meisten von uns kennen es aus der Kindheit: die Wurst, das Brot oder der Apfel, am Stock über dem Feuer gebraten. Obwohl die Wurst vielleicht krumm geschnitten, die Haut außen schwarz angebrannt, die Wurst vielleicht gar vom Stecken gerutscht und auf den Waldboden gefallen war – trotz all dem war es die beste Wurst überhaupt! Trotz ihrer Unvollkommenheit. Oder vielleicht gerade deswegen.

Ein einfaches Essen, aus wenigen Zutaten und mit einfachsten Hilfsmitteln (selbst geschnitzter Stock, Messer, Feuer) zubereitet, das jeder kann und jedem schmeckt. Ein Gericht, das am wärmenden und seelenwärmenden Feuer zubereitet wird, das positive Kindheitserinnerungen weckt und in lockerer, unkomplizierter Gesellschaft mit anderen genossen wird. Dazu ganz unkompliziert mit den Fingern direkt vom Stecken gegessen. All diese Merkmale liegen auch unserem Prinzip des Feuerkochens zugrunde.

DEN ALLTAG VERLASSEN – AN EINEN UNGEWÖHNLICHEN ORT GEHEN Ein individuelles kulinarisches Erlebnis außerhalb des Alltags schafft positive geistige und/oder körperliche Sinnesempfindungen und wird zu einer nachhaltigen Erfahrung. Besondere Bedeutung hat, dass sie »außerhalb des Alltags« stattfindet, damit eben nicht alltäglich und etwas Besonderes ist. Ein ungewöhnlicher Ort verstärkt den Erlebnisfaktor durch ein unerwartetes Spannungsfeld zwischen Ort und Gericht.

MIT FEUER KOCHEN Ein Feuer ermöglicht es, auch an den ungewöhnlichsten Orten zu kochen, es erzeugt Wohlbehagen und Wärme.

BEI JEDEM WETTER UND ZU JEDER JAHRESZEIT Jedes Wetter und jede Jahreszeit haben ihren Reiz. Das Meistern schwieriger Rahmenbedingungen erhöht den glücklich machenden Erlebnisfaktor noch.

SICH ZEIT NEHMEN Feuerkochen ist eine langsame Kunst. Das Feuer zwingt dazu, sich Zeit zu nehmen.

GEMEINSAM KOCHEN Am Feuer sind alle gleich, und Erfahrung mit Feuerkochen haben wenige. Daher werden alle Unterschiede in Ausbildung, Alter, sozialer Stellung usw. nebensächlich.

EINFACHE GERICHTE KOCHEN Die Kunst liegt in der Einfachheit. Komplexe und schwierige Gerichte bringen beim Feuerkochen keinen Mehrwert für den Genuss. Einfachheit ist wohltuend.

UNNÖTIGES KONSEQUENT WEGLASSEN Es ist wichtig, sich auf das Wesentliche zu konzentrieren, die alltägliche Komfortzone zu verlassen. Ein einziges Messer genügt, Spezialmesser können zu Hause wieder verwendet werden.

BEWUSST EINKAUFEN Schon die Auswahl der Zutaten ist ein Erlebnis. Es lohnt sich, sorgfältig und bewusst einzukaufen. Nur so entwickelt man ein Verständnis für die Seele des Gerichtes und den Ursprung des Genusses.

MIT DEN HÄNDEN ESSEN Geschmack entsteht im Kopf und ist ein komplexer Sinneseindruck. Die Hände kommen direkt und zuerst mit dem Gericht in Berührung: Sie erfassen Temperatur, Konsistenz, Struktur und Gewicht und bereiten den Kopf auf den bevorstehenden Genuss vor. Sie können auch regulierend wirken, indem zu kalte Gerichte durch die Wärme der Hände aufgewärmt und damit ihre Aromen geweckt werden. Indem die Säfte sich mit ihren Aromen großflächiger an den Fingern verteilen, entfalten sie sich schon beim Vorbeiführen an der Nase auf dem Weg in den Mund.

GEMEINSAM AUS DEM GLEICHEN GEFÄSS ESSEN »Wollt ihr Frieden, dann esst aus dem gleichen Gefäß.« Diese Weisheit hat uns Uri Buri, Israels berühmter Fischkoch aus Akko, mit auf den Weg gegeben.

ERLEBNIS STATT PERFEKTION Feuerkochen braucht etwas Erfahrung. Je nach Ort, je nach äußeren Umständen muss möglicherweise improvisiert werden, und das Resultat kann zuweilen unerwartet ausfallen. Wichtig ist aber immer das ganze Erlebnis und nicht das perfekte Endresultat.

GRUNDLAGEN DES FEUERKOCHENS

Auf dem offenen Feuer wird meist zu heiß gekocht. Fundiertes Wissen zu den Grundlagen des Feuerkochens fehlt in der Regel. In diesem Kapitel beschreiben wir die wichtigsten Techniken des Kochens auf dem offenen Feuer, erklären verschiedene Methoden und zeigen, worauf dabei zu achten ist. Die Ausführungen mögen zwar etwas technisch klingen, sind aber für ein grundlegendes Verständnis des Feuerkochens wichtig.

Feuerkochen versus Kochen mit Strom

Auf dem Feuer und mit Strom gekochte Gerichte unterscheiden sich geschmacklich.

Unterschiedliche Wellenlängen
Auf dem Keramikkochfeld zu Hause wird die Wärme durch Umwandlung von Energie durch einen Widerstand erzeugt. Aufgrund der Infrarot-Transparenz der Glaskeramik gelangt die Wärmestrahlung teilweise zum Boden des Topfes. Auf dem Induktionsherd hingegen wird der Topfboden direkt durch Induktion mittels Spannung eines Magnetfelds erhitzt. Beim Feuerkochen kommen im Vergleich zum Kochfeld andere Wellen und insbesondere das gesamte Wärmespektrum des sichtbaren Lichts dazu. Daher wirkt beim Feuerkochen eine andere Wärme auf das Gargut ein als beim elektrischen Kochen.

Die Magie des Pfannenrandes
Nirgends entstehen spannendere Geschmackskomponenten als beim Feuerkochen in der Randzone der Pfanne. Beim Kochen auf dem Kochfeld bleibt der Pfannenrand zu kalt für solche Prozesse. Kocht man auf Gas, kommt man der Sache schon etwas näher. Mit der Gasflamme lassen sich solche Prozesse in der Randzone in Gang setzen, weil die Gasflamme überwiegend auf den Pfannenboden wirkt, jedoch nur ansatzweise, kurzzeitig und nie so umfassend wie auf dem Feuer. Auch deshalb sind auf Gas gekochte Gerichte auf jeden Fall besser als jene, die auf dem elektrischen Kochfeld gekocht werden.

Beim Feuerkochen hingegen kann der Pfannenrand direkt, umfassend, lange und intensiv beheizt werden, sodass hier großflächig die tollsten Bräunungsreaktionen passieren können. Ein Beispiel dafür ist die Randkruste des *Fenz* (Rezept Seite 220), die sich nur beim Feuerkochen so wunderbar entwickelt. Wesentlich größer noch als bei der Eisenpfanne ist der Pfannenrand beim Wok, und entsprechend ausgeprägter ist hier auch die Geschmacksentwicklung in der Randzone beim Kochen auf dem Feuer.

Folgende Prozesse sind bei den Bräunungsreaktionen am Pfannenrand beteiligt:

Karamellisieren
Am Vorgang des Karamellisierens ist nur Zucker beteiligt (im Unterschied zur nachfolgend erklärten Maillard-Reaktion, bei der Aminosäuren eine Rolle spielen). Alle Zuckerarten können mehr oder weniger gut karamellisieren. Beispiel einer reinen Karamellisierung ist das Bräunen von Zucker. Karamell schmeckt umso herber, je dunkler er gebrannt ist.

Maillard-Reaktion

Die Maillard-Reaktion (benannt nach dem französischen Mediziner und Chemiker Louis Camille Maillard) ist eine nicht-enzymatische Bräunungsreaktion, die beim Braten oder Frittieren von Lebensmitteln entsteht. Aminosäuren und reduzierende Zucker (z. B. Traubenzucker, Milchzucker oder Malzzucker) werden in Anwesenheit von Wasser unter Hitzeeinwirkung zu neuen Verbindungen umgewandelt. Durch die Maillard-Reaktion entsteht über mehrere Zwischenstufen eine Vielzahl geruchs- und geschmacksgebender Substanzen, etwa das Aroma von Braten (bei kurzer Erwärmungsdauer) oder bei langer Erwärmungsdauer das von Röstzwiebeln.

Nicht immer ist die Maillard-Reaktion erwünscht. Das wichtigste Beispiel dafür ist die unerwünschte Reaktion bei gleichzeitigem Vorliegen von Asparagin und reduzierenden Zuckern (vor allem bei Kartoffeln und Getreide) bei Temperaturen oberhalb von 120 Grad unter Anwesenheit von etwas Wasser. Bei Backwaren oder bei frittierten kohlehydratreichen Zutaten (z.B. Pommes frites) kann so der gesundheitsschädliche Stoff Acrylamid entstehen. Da der Anteil dieses Stoffes mit wachsender Temperatur drastisch ansteigt, wird empfohlen, bei Temperaturen unter 170 Grad zu frittieren. Aus gesundheitlichen Gründen wird dabei die Verwendung eines Thermometers empfohlen.

Beide Reaktionen, das Karamellisieren und die Maillard-Reaktion, treten oft gemeinsam auf, so zum Beispiel bei der Herstellung von Karamellbonbons (Rezept Seite 180) durch das am Prozess beteiligte Milcheiweiß.

Wok-hei-Kochen

Wok-hei beschreibt den Geschmack, den Geruch und das Aroma, die entstehen, wenn ein Gericht bei hohen Temperaturen oberhalb der 200-Grad-Grenze in einem Wok über dem Feuer zubereitet wird. Der Ausdruck kann sinngemäß mit »Wok-Aroma« übersetzt werden. Um diesen speziellen Geschmack zu erreichen, muss das Essen in einem eingebrannten Wok unter ständiger Bewegung über dem Feuer gerührt und in sehr kurzer Zeit gegart werden. Für Wok-hei verantwortlich sind die Prozesse des Karamellisierens und der Maillard-Reaktion. Das Gleiche passiert beim Feuerkochen in Pfannen, jedoch können durch den flachen Pfannenboden die Speisen nicht schnell genug gewendet werden, weshalb flache Pfannen sich nicht zum Wok-hei-Kochen eignen.

Im heißen Wok brennen die Speisen meistens nicht an, da das für das Anbrennen verantwortliche Eiweiß durch die hohe Hitze sehr schnell denaturiert wird. Dies wirkt wie eine natürliche Antihaftbeschichtung.

Der Rauch beim Feuerkochen

Beim Kochen mit Feuer entwickelt sich Rauch. Dieses Raucharoma wird von der Oberfläche der Speisen aufgenommen und schlägt sich im Geschmack nieder. Dieses leichte Raucharoma ist kaum wahrnehmbar, wenn direkt neben dem Feuer gegessen wird, wohl aber, wenn Reste des Gerichts am nächsten Tag zu Hause in neutraler Umgebung gegessen werden.

Höhere Temperaturen und höhere Leistung

Obwohl das Augenmerk beim Feuerkochen meist darauf gerichtet ist, die hohe Temperatur des Feuers für das Garen der Speisen zu reduzieren, ist es manchmal von Vorteil, höhere Temperaturen und höhere Wärmeleistungen als beim Kochen auf dem Kochfeld zu erhalten. Ein Beispiel dafür ist das Anbraten von Pilzen. Es erfordert hohe Temperaturen, damit sich in der Pfanne kein Wasser sammelt und sich beim Braten Röstaromen entwickeln können. Solche Leistungen und Temperaturen sind auf dem Kochfeld fast nicht zu erreichen, wohl aber beim Kochen mit Gas und Feuer.

Ungleiche Wärmeverteilung

Gegenüber dem Kochfeld ist die Wärmeverteilung auf dem Feuer wesentlich ungleichmäßiger. Liegen große Kohlenglutstücke direkt unter einer Pfanne oder einem Topf, besteht die Gefahr des punktuellen Anbrennens. Um die ungleiche Temperatur besser zu verteilen, muss beim Feuerkochen mehr gerührt werden als auf dem leicht regulierbaren Kochfeld. Durch dieses vermehrte Rühren entsteht auch mehr mechanischer Abrieb von den Speisen. Dieser Abrieb führt zum einen zu einer anderen Optik der Speisen und zu einer cremigeren Konsistenz und auf der anderen Seite zu mehr Geschmack durch eine größere mit unseren Genussorganen in Berührung kommende Oberfläche.

Begriffserklärungen

Feuerkochen

Feuerkochen ist weit mehr als das viel bekanntere Grillen. Feuerkochen umfasst zusätzlich zu diesem das Garen (Kochen) von Speisen und beinhaltet alle klassischen feuchten und trockenen Gartechniken (mit Ausnahme des Mikrowellengarens).

Kochen im engeren Sinn bezeichnet die Erhitzung von Flüssigkeit bis zum Siedepunkt. Unter »Garen« versteht man die Behandlung von Lebensmitteln mit Wärme. Durch die Wärmeeinwirkung werden Geschmack, Konsistenz, Verdaulichkeit und/oder die gesundheitliche Wirkung der Speisen verändert.

Der Vollständigkeit halber sei hier erwähnt, dass Molekularkochen und Kochen durch Denaturierung von Eiweiß mit Säure (z. B. bei Ceviche) keine Garmethoden mit Wärmeeinwirkung sind.

Praktisch alle klassischen Garmethoden benötigen eine Temperatureinwirkung von unten und lassen sich deshalb perfekt auch auf dem Feuer ausführen.

Ofengerichte hingegen benötigen Hitzeeinwirkung von allen Seiten und sind ohne einen entsprechenden Feuerofen (z. B. einen Pizzaofen oder einen Ofen aus aufgebauten Steinen) zum Feuerkochen nur bedingt geeignet. Trotzdem lässt sich mit Feuer auch backen, beispielsweise ganz einfach mit einem mit Kohlen belegten Blech, das auf einen Topf oder eine Pfanne gelegt wird, ähnlich der dalmatinischen Peka, dem Garen unter einer gusseisernen Glocke. Oder mit einem zum Backen vorgesehenen Dutch Oven. Eine originelle Art des Backens ist das Belegen von Steinen mit Teig. Die Steine werden an das Feuer geschoben und so lange gewendet, bis der Teig fertig gebacken ist. Wie das geht, zeigen wir im Rezept »Umgekehrte Linzertorte« auf Seite 90.

Feuchte Gartechniken	Trockene Gartechniken
Kochen (Sieden) u nd Blanchieren	Braten in der Pfanne mit und ohne Fett
Dampfgaren	Sautieren
Dünsten	Braten im Ofen
Garziehen und Pochieren	Backen im Ofen
Schmoren	Gratinieren im Ofen
Druckgaren	Sizzling-Braten
Niedertemperaturgaren	Direktes Grillen
Vakuumgaren	Indirektes Grillen
	Frittieren
	Rösten
	Räuchern und Smoken

Feuer

Die Flammenbildung bei der Verbrennung geschieht unter Abgabe von Wärme und Licht. Chemisch-physikalisch betrachtet, ist Feuer eine exotherme Oxidationsreaktion mit Flammenerscheinung. Für ein Feuer braucht es drei Bedingungen: einen brennbaren Stoff (bei uns Kohle, Holz, Blätter, Baumnadeln usw.), Sauerstoff und eine Zündenergie.

Die Beherrschung des Feuers war ein entscheidender Faktor bei der Entwicklung der Menschheit und ist Bestandteil aller Zivilisationen. Mit der Nutzung des Feuers entwickelte sich die Fähigkeit zu kochen, eine der ältesten Kulturtechniken des Menschen überhaupt. Feuer hatte auch einen wesentlichen Einfluss auf die Ernährung. Die Verwertung von Fleisch durch Erhitzung, etwa durch Braten am offenen Feuer oder durch Kochen in heißen Quellen, war durch den erleichterten enzymatischen Aufschluss wesentlich effizienter. Durch Räuchern konnte zudem die Nahrung länger haltbar gemacht werden, und das Erhitzen verringerte die Belastung durch krankmachende Bakterien, Viren und Parasiten.

Die offene Flamme des Feuers eignet sich nur in wenigen Fällen für das Feuerkochen, weil das Gargut durch die hohe Hitze der Flamme sehr schnell verbrennen kann. Gut nutzbar sind die Flammen des offenen Feuers nur dann, wenn ein ausreichend großer Abstand zum Gargut eingehalten werden kann, etwa für das langsame Braten von Geflügel am Stock oder zum langsamen Garen von aufgesteckten Lachsseiten am Holzbrett, wie es in nordischen Ländern seit Langem Tradition ist.

Wesentlich besser geeignet zum Feuerkochen als die offene Flamme ist die Energiezufuhr durch die Glut.

Glut

Als Glut wird die sichtbare Wärmestrahlung der Kohle bezeichnet. Glut entsteht bei der Verbrennung von hauptsächlich aus Kohlenstoff bestehendem Brennstoff ohne sichtbare Flammenbildung, jedoch mit Abgabe von Licht mit einem hohen Infrarotanteil. Die dabei abgegebene Wärmestrahlung ist ein Gemisch elektromagnetischer Wellen aus einem breiten Wellenlängenbereich. Je höher die Temperaturen sind, desto mehr verschiebt sich das Spektrum des ausgestrahlten Lichts hin zu kürzeren Wellenlängen; das Licht wird blauer (Wiensches Verschiebungsgesetz).

Glut aus Holz ist die natürlichste Art der Energiezufuhr beim Feuerkochen. Sie wird erzeugt durch das Verbrennen von Holz bei offener Flamme und anschließendem Warten, bis die offene Flamme erlischt. Die Wartezeit bis zur idealen Feuerkochglut kann durch die Verwendung von Holzkohle wesentlich verkürzt werden. Das Kochen mit Glut hat gegenüber dem Kochen auf dem offenen Feuer auch den Vorteil, dass sich weniger Rauch entwickelt und die Kochgefäße weniger verrußen. Durch das Auseinanderziehen oder Zusammenschieben der glühenden Kohle kann die Temperatur einfach reguliert werden. Besonders beim Grillen kommt der Glut große Bedeutung zu. Das Grillen über der Glut verhindert das oberflächliche Verbrennen des Grillguts durch die offene Flamme.

Zu den verschiedenen Phasen des Feuers und der Glut siehe Seite 30.

Temperaturen beim Feuerkochen

Wer feuerkochen will, muss neben der Kulinarik auch den Umgang mit der Temperatur beherrschen.

Es wird immer zu heiß gekocht

Nach der Erfahrung in unserer Feuerkochschule wird tendenziell immer zu heiß gekocht. Zurückzuführen ist dies einerseits auf fehlende Sachkenntnis und fehlende Übung, andererseits aber auch auf die durchaus menschliche Eigenschaft der Ungeduld. Man muss lernen zu warten, bis das Feuer die richtige Reife erreicht hat.

Warten ist beim Feuer die einfachste Methode der Temperatursenkung. Warten, bis das Feuer verwendungsreif ist. Zeit und Temperatur hängen hier direkt zusammen. Wer feuerkochen will, braucht deshalb Zeit – eine Auszeit.

Große Feuerhitze – tiefe Gartemperaturen

Beim offenen Holzfeuer können die Flammen Temperaturen von über 1000 Grad Celsius erreichen. Wenn alle flüchtigen Bestandteile des Holzes verbrannt sind, bleibt die Holzkohlenglut flammenlos zurück. Diese verbrennt langsam bei etwa 800 Grad, abhängig von der Kohlenqualität, der Menge, der Feuerreife und der Sauerstoffzufuhr. Durch die Verwendung von fertiger Holzkohle überspringt man die ersten zwei Phasen der Holzverbrennung (Holztrocknungsphase und Entgasungsphase) und gelangt direkt zur dritten Phase (Ausbrandphase). Damit erhält man schneller eine zum Feuerkochen brauchbare Glut.

Die meisten Speisen brauchen für die Zubereitung nur niedere Temperaturen. Sie bewegen sich fast immer um 100 Grad. Nur für das Braten in der Pfanne und das Grillen werden etwas höhere Temperaturen benötigt.

Feuerkochtemperaturen
Räuchern: 25 bis 90 Grad
Smoken: 90 bis 130 Grad
Dämpfen: bis zu 100 Grad
Kochen: 100 Grad
Frittieren: bis zu 170 Grad
Pfannenbraten: 140 bis 180 Grad
Indirektes Grillen: 130 bis 220 Grad
Direktes Grillen: bis 260 Grad
Angrillen von Steaks: maximale Grilltemperatur von 230 bis 280 Grad

Die Temperatur der Glut ist also wesentlich höher als für die Zubereitung der Speisen erforderlich. Die wichtigste Aufgabe – aber auch die wesentliche Kunst beim Feuerkochen – ist es deshalb, die für die Zubereitung der Speisen ungeeigneten hohen Temperaturen herabzusetzen.

Die Kunst der Regulierung der Feuertemperatur

Die Regulierung der Temperatur kann mit verschiedenen Methoden erreicht werden:

- Verkürzung der Feuerkochzeit
- Reduzierung der Feuertemperatur
- Vergrößerung des Abstands zum Gargut
- Begrenzung der Temperatur durch Flüssigkeit
- Isolation des Garguts von der Wärmequelle

Alle diese Methoden kommen in der Praxis nebeneinander zum Einsatz. Sie richtig zu kombinieren, gehört zur Kunst des Feuerkochens.

Verkürzung der Feuerkochzeit

Durch die hohe Temperatur des Feuers wird auf dem Feuer tendenziell heißer gekocht als auf dem elektrischen Kochfeld zuhause. Das Kochgefäß wird viel schneller heiß. Deshalb müssen Feuergerichte tendenziell etwas kürzer gekocht werden als jene, die auf dem Kochfeld zubereitet werden.

Reduzierung der Feuertemperatur
Die Feuertemperatur kann bei gleichem Abstand zum Feuer reduziert werden durch:

- Warten: Das Feuer wird von allein schwächer.
- Wegnehmen oder Auseinanderschieben von Glut.
- Verschieben des Garguts in eine Zone mit tieferer Temperatur.

Bei der Verwendung einer schweren Eisenpfanne kocht das Gargut durch die höhere Eigenmasse der Pfanne in der Regel noch länger weiter als in vergleichbaren Gefäßen für das elektrische Kochfeld. Dies ist bei Gerichten zu berücksichtigen, die einen genauen Garpunkt verlangen, etwa bei Eierspeisen (siehe Seite 80).

Vergrößerung des Abstands zum Gargut
Die Vergrößerung des Abstands vom Gargut zur Glut reduziert die Feuerkochtemperatur wesentlich. Luft ist ein guter Isolator und daher bestens geeignet, um die auf das Gargut einwirkende Temperatur zu verändern. Der Abstand lässt sich auf verschiedene Art verändern, beispielsweise durch höhere Steine für die Dreipunktauflage des Topfes oder durch weiter entfernte Aufstellung der Stöcke mit dem Gargut daran.

Begrenzung der Temperatur durch Flüssigkeit
Wasser und Fett sind ideale Mittel, um die Temperatur innerhalb eines Kochgefäßes zu begrenzen. Bei Wasser steigt die Temperatur nie über 100 Grad an. Weiter hat Wasser die Eigenschaft, die ungleichmäßige Wärmeeinwirkung der Glut gleichmäßig im Gefäß zu verteilen. So kann eine wässrige Suppe kaum anbrennen.

Beim Braten über 100 Grad übernimmt das Fett die Rolle der Temperaturbegrenzung und der Temperaturverteilung. Beim Fett ist darauf zu achten, dass es selbst nicht zu heiß wird.

Isolation des Garguts von der Wärmequelle
Die letzte und effektivste Methode zur Senkung der Temperatur ist die Verwendung einer geeigneten Isolation, zum Beispiel eines Kochtopfes oder einer Bratpfanne. Weitere Isolationsmethoden werden im Kapitel »Feuerkochmethoden», Seite 17ff., vorgestellt.

Feuergerichte

Feuergekocht wird heute noch in fast allen Regionen der Welt, insbesondere an Orten, an denen es an Strom fehlt, aber genügend Brennmaterial vorhanden ist. In der westlichen Welt ist das alltägliche Feuerkochen hingegen selten geworden. Gebraucht wird es noch täglich in Berggebieten, die ohne Stromversorgung sind.

Merkmale: einfach, traditionell, gut
Feuergerichte sind immer einfache und ursprüngliche Gerichte. Sie stammen aus einer Zeit, in der es Mobilität und Globalisierung in der heutigen Form noch nicht gab. Man kochte mit dem, was in der nahen Umgebung zur Verfügung stand. Infolgedessen sind Feuergerichte einfache Gerichte mit meist wenigen saisonalen und natürlich lokalen Zutaten.

Lokal ist dabei relativ zu verstehen. Sind Bananen zum Feuerkochen auf den Seychellen lokal, sind sie in unseren Breitengraden natürlich Exoten. Es spricht aber nichts dagegen, wenn sich hierzulande nachgekochte Feuergerichte der weltweit üblichen Zutaten bedienen, solange es ökologisch vertretbar ist. Diese kulturelle Vermischung leben wir schon lange. So kam der heute bei uns alltägliche Zimt schon zu Urgroßmutters Zeiten aus Sri Lanka (damals Ceylon).

Es gibt traditionelle Feuergerichte, wie den *Fenz* aus der Bergregion (Seite 220), die *Tajine* oder *Tangia*, aus Marokko (Seite 82) oder *Muamba de ginguba*, den Huhn-Erdnuss-Eintopf aus Angola. Obwohl ursprüngliche Feuergerichte möglichst ursprünglich bleiben sollen, lassen sie sich natürlich variieren oder Elemente verschiedener Feuerkochkulturen zusammenzuführen. Damit sie auf dem Feuer auch praktisch gekocht werden können, ist ihre Einfachheit aber elementar.

Obwohl sich die Zubereitungsart der traditionellen Feuergerichte von Familie zu Familie oder von Dorf zu Dorf ändern kann, haben sie alle einen Urgeschmack, eine gemeinsame Seele sozusagen. Dieser Urgeschmack rührt einerseits von den lokal verwendeten Zutaten her, andererseits von der traditionellen Kochmethode. Und diesen Geschmack gilt es zu erhalten. »Wie die Großmutter es kochte«, ist die Vorgabe. Es annähernd gleich zu kochen, ist das Ziel.

Feuerkochmethoden

Beim Feuerkochen geht es im Wesentlichen darum, die hohe Temperatur des Feuers auf ein für die Zubereitung der Speisen geeignetes Maß zu reduzieren. Hier zeigen wir aus unserer Erfahrung den Gebrauch von verschiedenen Hilfsmitteln zum Feuerkochen und verschiedene Feuerkochmethoden. Die Auflistung ist nicht vollständig, soll aber zum kreativen Feuerkochen inspirieren.

Feuerkochen ganz ohne Hilfsmittel

Dies ist die wohl ursprünglichste Art des Feuerkochens. Das Gargut wird ohne Abstand direkt ins Feuer oder auf die glühende Kohle gelegt. Beispiele sind Kohlefleisch, das Feuergaren von Gemüse (z. B. Auberginen, Zwiebeln, Paprikaschoten) oder das kurze Backen von kleinen Fladenbroten.

Feuerkochen in der natürlichen Haut

Die natürliche Haut von Tieren und Pflanzen ist ein guter Schutz auch gegen große Hitze.

Tierhaut

In vielen Kulturen werden ganze Tiere zum Garen direkt aufs Feuer gelegt. Durch die große Hitze verkohlen Fell und Lederhaut zu einer Kruste, unter der das Muskelgewebe und die Organe in den tiereigenen Säften garen. Diese Art des Kochens ist heute noch eine gängige Methode, etwa in Südamerika für Meerschweinchen. Da ein Teil des Fleisches verkohlt, umhüllt man kleinere Tiere zum Schutz zusätzlich mit Lehm oder Gras. Eine Variante war das Garen in der Tierhaut zusammen mit heißen Steinen.

Gemüsehaut

Die natürliche Gemüsehaut ist ein guter Isolator, um das Fruchtfleisch des Gemüses vor dem Verbrennen zu schützen. Beispiele sind Zwiebeln, Artischocken, Kartoffeln, Auberginen, Paprikaschoten. Sie können zum Garen alle gut direkt in die Glut gelegt werden.

Feuerkochen in Tüchern

Anstelle der natürlichen Haut bietet auch gewebtes Tuch – als eine Art künstliche Haut – Schutz vor dem Feuer. Ein Beispiel ist die aus Kolumbien stammende Zubereitungsart *Lomo al trapo,* was »Filet im Tuch« bedeutet. Ein Rinderfilet wird in einer Hülle aus grobem Salz in ein Baumwolltuch gewickelt, mit Baumwollgarn verschnürt und direkt auf die glühenden Kohlen gelegt.

Feuerkochen im Knochen

Der Länge nach aufgeschnittene Knochen können mit der Schnittfläche nach oben gut direkt auf die Glut gelegt werden; der Knochen dient als Isolation zum Feuer. Eine Anleitung dazu findet sich im Rezept »Markbeinknochen und Brot« auf Seite 172.

Feuerkochen mit Steinen

Steine wurden schon sehr früh mit unterschiedlichen Methoden zum Kochen verwendet. Unterschieden werden Kochsteine, Bratsteine und Backsteine.

Kochen mit Kochsteinen

Gekocht wird bei dieser Methode mithilfe erhitzter Steine, welche die Wärme speichern. Dazu werden Steine auf bis zu 500 Grad erhitzt und dann in Flüssigkeiten mit Fleisch oder Gemüse oder in breiige Speisen gelegt, um diese so bis zum Siedepunkt zu erwärmen. So gelang es früher auch, Wasser zum Kochen zu bringen, ohne dass der Behälter (Tierfelle oder andere dichte Behältnisse) direkt auf das Feuer gestellt werden musste. Bei einer längeren Kochdauer wurden die Steine einfach ausgetauscht. Mit dieser Methode konnten auch roh ungenießbare Hülsenfrüchte, Samen und andere Pflanzenteile genießbar gemacht werden.

Bei der Auswahl der Steine gilt es zu beachten, dass diese nicht zerfallen und Bestandteile oder Steinsplitter an die Speisen abgeben können. Gut zum Kochen eignen sich feuerfeste und geschmacksneutrale Steine, wie zum Beispiel Granit, große Kieselsteine und Basalt. In der Mongolei wird der traditionelle Fleischtopf *Khorkhog* mit Steinen in einem Gefäß aus Metall (z. B. Milchkanne) gekocht. In Neuengland werden nach der *Clambake*-Methode Muscheln mit heißen Steinen und Schichten aus Seetang gegart.

Garen auf dem kalten Stein
Hier dient der Stein hauptsächlich als Trägermaterial. Das Gargut wird auf den kalten Stein gelegt und dieser dann ans Feuer geschoben. Der Stein heizt sich zusammen mit dem Gargut langsam auf und trägt damit von unten ebenfalls zum Garprozess bei. In unseren Rezepten zeigen wir, wie auf einem Stein Fisch gebraten (Seite 48) oder Teig gebacken werden kann (Seite 90).

Braten auf der heißen Steinplatte
Große, flache Steine oder Steinplatten eignen sich hervorragend, um direkt darauf zu braten. Sie müssen zuvor lange durch ein direkt darauf entzündetes Feuer aufgeheizt und dann mit einem Grasbüschel oder Tannenwedel gereinigt werden.

Backen im Steinofen
Aus Steinen kann, vergleichbar mit den Eisblöcken bei einem Iglu, ein Ofen aufgeschichtet werden. Der Ofen wird von innen aufgeheizt und kann dann verwendet werden. Für manche Gerichte wird der Steinofen auch mit Erde überdeckt, zum Beispiel beim *Pachamanca* aus Peru. Die verfeinerte Form dieser Steinöfen sind unsere gemauerten Öfen oder die heute aus Schamottsteinen gebauten Pizzaöfen.

Backen mit Steinen als Unterlage
In gewissen Regionen (z. B. Palästina) werden Holzöfen mit losen Steinen ausgelegt. Das auf die aufgeheizten Steine gelegte Fladenbrot backt so blitzschnell und erhält von den Steinen eine schöne Wellenform.

Kochen mit der Dreisteinauflage
Diese Methode gehört nicht zu den direkten Feuerkocharten mit Steinen, wird aufgrund der Verwendung von Steinen hier aber trotzdem aufgeführt. Die Dreisteinauflage ist eine gängige Anordnung, um eine gleichbleibende Distanz zwischen Gargut und Feuer zu schaffen. Zum einen bilden die drei Steine eine stabile, wackelfreie Auflage für einen Rost, Töpfe, Woks oder Pfannen. Zum anderen kann durch die Zwischenräume zwischen den Steinen genügend Brennmaterial wie Holz oder Kohle nachgelegt werden oder auch trockene lange, dicke Äste, die dann einfach nachgeschoben werden, um für neues Brennmaterial zu sorgen.

Feuerkochen mit Ton
Ton ist eine natürliche Bodenart, die hauptsächlich aus Tonmineralteilchen besteht. Je nach Wassergehalt ist er plastisch formbar oder spröde und kann gebrannt werden.

Garen in der Tonhülle
Zum Schutz vor der großen Hitze des Feuers kann das Gargut zuerst mit Blättern geschützt und dann mit einer Lehm- oder Tonschicht umhüllt auf das Feuer gelegt werden. Bekannt ist zum Beispiel das Huhn im Tonmantel.

Garen in Tontöpfen
Lange nach dem Kochen auf dem direkten Feuer entstanden Gefäße aus Ton. Diese mussten feuer- und wasserfest sein. Durch die Verfügbarkeit von Tontöpfen zum Kochen und zum Aufbewahren von Nahrungsmitteln wurde man von der Jagd als einziger Nahrungsquelle unabhängig und konnte sesshaft werden. Tontöpfe erlaubten auch, Speisen so weich zu garen, dass sie alte oder zahnlose Menschen noch essen konnten.

Bekannte traditionelle Gerichte sind beispielsweise in Menorca die in Töpfen aus dem lokalen roten Ton gekochte Rochen-*Panadera*, in Marokko Zitronenhuhn in der *Tajine* oder *Tangia* (siehe Rezept Seite 82) oder in Japan verschiedene *Nabemono*-Gerichte aus dem *Donabe*. In Kolumbien wird in einem Kochtopf aus schwarzem Ton gekocht, *Tierra negra* genannt.

Garen im Tonofen

Ein Tandur-Ofen aus Ton ist eine Übergangsform vom Erdofen zum Horizontalofen. Er ist meist stehend, oft im Boden versenkt, und hat eine zylindrische, sich nach oben verengende Form. Er wird mit Holz oder Kohle lange eingeheizt und dann zum Backen vieler Gerichte wie zum Beispiel Naanbrot oder zum Garen von Fleisch an Spießen in den Ofen gestellt (z.B. Tandoori-Huhn).

Backen auf Tonplattenöfen

In Äthiopien und Eritrea wird *Injera*, ein weiches, gesäuertes Fladenbrot aus Teffmehl, traditionell auf einer Tonplatte oder einem Tonplattenofen auf dem Feuer gebacken.

Feuerkochen mit Metall

Nichts hat die Vielfalt der Küche so verändert und weiterentwickelt wie Gefäße und Hilfsmittel aus Metall. Metall ist hitzebeständig, formbar und lebensmittelecht und wird in den verschiedensten Formen eingesetzt.

Metallspieße

Auf Metallspieße lässt sich Fleisch stecken, entweder direkt in Stücke geschnitten oder gehackt und geformt. Traditionelle Beispiele sind der iranische *Kabāb-e kubideh*, bei dem gehacktes Fleisch um einen breiten Spieß (damit die Masse haftet und sich nicht drehen kann) geformt wird, oder die südafrikanischen *Sosaties*, marinierte Fleischstücke am Spieß gebraten. In Argentinien werden beim *Asado* große Fleischstücke an Metallspießen an das Feuer gestellt.

Metallgitter

Der bei uns bekannte Grillrost ist als feuerfeste und lebensmittelechte Unterlage zum Grillen nicht mehr wegzudenken. Dickere Metallstäbe haben gegenüber einem dünnen Gitter den Vorteil, dass sie die Hitze besser speichern, dem Fleisch zusätzlich durch das Sizzling Geschmack geben und ein optisch ansprechendes Grillmuster verleihen.

Metallpfannen und Metalltöpfe

Metallpfannen gibt es in den unterschiedlichsten Formen. Sie bestehen oft aus Eisen (Edelstahl, Gusseisen, geschmiedetes Eisen), Aluminium, Kupfer und Kupferlegierungen. Beispiele der konkaven Form (nach innen gewölbt) sind die schwere Eisenpfanne, der indische Kadai, der kantonesische Wok, die französische Kasserolle oder der türkische Saç. In der konvexen Form (nach außen gewölbt) backt man beispielsweise in Indien das dünne Fladenbrot *Roomali* oder in der Türkei *Gözleme* auf dem umgedrehten *Saç*.

Aluminiumfolie

Die gas- und luftdichte, biegsame Aluminiumfolie ist bei uns wohl das gängigste Mittel, um hohe Temperaturen vom Gargut fernzuhalten. Sie wurde 1905 in der Schweiz patentiert, und es gibt sie in Stärken von 0,004 bis 0,02 Millimeter.

Feuerschale

Die Feuerschale dient nicht als Behälter für das Gargut, sondern als Behälter für das Brennmaterial. In der Feuerschale lässt sich gut am Holzstock, aber auch mit einigen der bereits erwähnten Feuerkochmethoden garen.

Feuerkochen mit Holz

Holz von unterschiedlichsten Pflanzen kann beim Feuerkochen als Brennmaterial und auch als Hilfsmittel dienen. Damit das Holz als Hilfmittel der Hitze länger widerstehen kann, wird es oft vorher gut gewässert.

Feuerkochen mit Holzstöcken

Mit dicken, wenn möglich noch grünen und ungetrockneten Holzstöcken können Roste gebaut und diese zum Garen von Fleisch über dem Feuer verwendet werden. Damit das Holz nicht verbrennt, wird es in ausreichendem Abstand zum Feuer gelegt. Darauf wird zum Beispiel auf Jamaica das traditionelle *Jamaican jerk pork*, mit frischem Pfeffer mariniertes Schweinefleisch, langsam gegart. Für unsere »Saltimstocca« auf Seite 134 verwenden wir dicke Holzstücke aus Esskastanienholz.

Aus dünneren Holzstöcken lassen sich lange Spieße schnitzen, um daran beispielsweise einen Apfel, eine Wurst, Brot oder einen Fisch zu braten. Eine andere Methode ist das Umwickeln von etwa 3 cm dicken gedrechselten Holzspießen mit Rindfleisch, wie wir es im Veltlin gesehen haben. Auch andere Hölzer, etwa Stecken aus Rosmarin, eignen sich gut als Spieße. Auf Madeira spießt man Rindfleischstücke auf Lorbeerstecken und brät so eine *Espetada*.

Dünne Holzstöckchen unterschiedlichster Stärke werden als Spieße verwendet. Auch hier gibt es unzählige lokale Varianten, etwa die Satayspieße aus Thailand oder ursprünglich Indonesien, die *Arrosticini* aus den Abruzzen oder die *Souvláki* aus Griechenland.

Feuerkochen auf Holzbrettern

In Skandinavien wird Fisch traditionell oft auf frisch geschnittenen Holzscheiben mit Holznägeln angeheftet und ans Feuer gestellt. Mit Butter bepinselt, wird der Fisch mit entsprechendem Abstand zum Feuer sehr langsam nur durch die Wärmestrahlung gegart. Die Temperatur ist dann richtig, wenn die Hand etwa zehn Sekunden auf der Höhe des Fischs gehalten werden kann. Ideal ist, wenn die dicke Kopfseite der Fischhälfte nach unten zeigt und deshalb näher zu der Hitze steht. Damit der Fisch gleichmäßig gart, wird das Brett von Zeit zu Zeit gedreht.

An der französischen Atlantikküste werden Muscheln traditionell auf einer dicken Holzscheibe oder einem Holzbrett mit Piniennadeln gegart. Unser Rezept dazu findet sich auf Seite 208.

Feuerkochen mit Holzschindeln

Im Gegensatz zu Holzbrettern sind Holzschindeln dünner. Unsere Bretter zum Räuchern von Fisch wurden von einem Schindelmacher gefertigt. Gute Schindeln stammen zum Beispiel von über 1000 Meter Höhe gewachsenen Lärchen. Durch das langsame Wachstum, erkennbar an den vielen dünnen Jahresringen, ist viel Harz eingelagert. Es wird beim Erhitzen als Geschmacksgeber freigesetzt. Aber auch andere Hölzer wie Kastanienholz eignen sich zum Feuerkochen, das Rezept dazu findet sich auf Seite 132. Bei der Beschaffung von Holz ist dringend darauf zu achten, dass es sich dabei um ungiftiges und unbehandeltes Holz handelt.

Feuerkochen mit Holzspänen und Holzmehl

Mit Holzspänen oder Holzmehl wird Rauch erzeugt, der heiß oder abgekühlt zur Geschmacksgebung und Konservierung eingesetzt wird. Der Rauch entzieht dem Gargut Flüssigkeit, und viele im Rauch enthaltene chemische Verbindungen wirken auch antimikrobiell und konservieren das Fleisch zusätzlich. Wir haben schottische Whiskyfässer umgebaut und räuchern darin Fisch, Fleisch und Gemüse.

Man unterscheidet, abhängig von der Temperatur in der Rauchkammer, Heiß-, Warm-, Kalträucherung und weitere Verfahren.

Bei der Heißräucherung ab 50 Grad bis 85 Grad werden rohes Fleisch und roher Fisch nur kurze Zeit, dafür mit zusätzlicher unabhängig vom Räuchervorgang vorhandener Hitze, gegart und geräuchert.

Bei der Warmräucherung bewegt sich die Temperatur zwischen 25 Grad und 50 Grad, beispielsweise gebraucht für die Räucherung der Würste unseres Rezeptes auf Seite 194.

Bei der Kalträucherung liegt die Temperatur bei lediglich 15 bis 25 Grad; geräuchert wird mit speziellen Hölzern, meistens Harthölzern, über Stunden bis Tage. So kann zum Beispiel Schwarzwälder Schinken sehr lange haltbar gemacht werden.

Feuerkochen mit Pflanzen

Pflanzen sind gut geeignet zum Feuerkochen; sie dienen in vielfältiger Form als Isolation und geben Geschmack. Von den unzähligen Möglichkeiten des Kochens mit Pflanzen seien hier lediglich ein paar wenige Beispiele als Inspiration für eigene Experimente aufgeführt.

Blätter

Blätter können das Gargut vor Hitze schützen, es zusammenhalten und Geschmack abgeben. Ideal sind große Blätter wie zum Beispiel die von Bananen oder der Taro-Pflanze. Bekannt ist das nahöstliche Gericht *Dolma*, gefüllte, gerollte Weinblätter. In unseren Breitengraden gibt es etwas kleinere Blätter; geeignet sind zum Beispiel Mangold-, Wirsing- und Kohlblätter für Gerichte wie Capuns aus dem Kanton Graubünden. Dank ihrer großen Blätter eignet sich auch die Große Klette *(Arctium lappa)* wunderbar als Verpackung aus Wildgemüse.

Baumrinde

Baumrinde ist gut geeignet als Unterlage, um das Gargut an die Hitze zu stellen. Da immer ein Teil der Rinde mitverbrennt, wird gleichzeitig auch geräuchert. Aus frischer Baumrinde lassen sich Töpfe herstellen, und die unter der Rinde liegende süßliche Schicht kann als geschmacksgebende Hülle zum Dämpfen etwa von zartem neutralem Fisch verwendet werden.

Gras

Gras ist ein interessantes Isolationsmaterial gegen Hitze. So lassen sich beispielsweise Fischstücke gut in Grasbüschel einpacken und so direkt in das Feuer oder auf die Glut legen. Das frische Gras entwickelt gleichzeitig Dampf und Rauch. In getrockneter Form als Heu wird es hauptsächlich geschmacksgebend verwendet, etwa in Heusuppen.

Kräuter

Kräuter werden in der Küche hauptsächlich zum Würzen von Speisen verwendet. Sie eignen sich aber auch, um darin zum Beispiel Fisch einzuwickeln und direkt auf das Feuer zu legen. Einige Kräuter kann man auch gut verbrennen, um mit der Asche die Speisen zu würzen. Ein Beispiel ist unser Gericht »Brot mit Rosmarinasche« auf Seite 124.

Kiefernnadeln

Pinien sind eine Kiefernart, deren Nadeln sich hervorragend zum Rauchgaren beispielsweise von Muscheln eignen. Bei dieser Garmethode wird über aufgeschichteten Muscheln mit den getrockneten Nadeln ein Feuer entfacht (siehe Rezept Seite 218). Anstelle von Piniennadeln kann man auch Heu oder Stroh verwenden.

Feuerkochen mit Wasserdampf

Wasserdampf ist ein Temperaturbegrenzer und eignet sich deshalb hervorragend zum Feuerkochen. Die Wasserdampfmethode kann mit oder ohne Druck erfolgen.

Mit Dampfdruck feuergekocht wird in Chile etwa das Gericht *Curanto*. Die Methode ist im Abschnitt »Feuerkochen mit Erde« beschrieben. Bei uns wird mit Dampfdruck aus Sicherheitsgründen nur in dafür geeigneten Dampfkochtöpfen gekocht.

Ohne Dampfdruck gibt es einfache Dämpfsiebe zum Beispiel aus Bambus oder Metall. In Asien ist diese Methode sehr verbreitet, so werden die chinesischen *Dim sum* gegart. Die kleinen Häppchen, vorwiegend Teigtaschen, werden in übereinandergestapelten Bambuskörben von bis zu einem Meter Durchmesser in Dampf gegart. Ebenfalls in Dampf gegart werden *Momo*, Teigtaschen aus Nepal, Tibet und dem nordöstlichen Indien.

In unserer Feuerküche dämpfen wir Fisch, wie im Rezept auf Seite 128. Im Frühling lässt sich auch Spargel fantastisch dämpfen, zusammen mit Karottenöl und von Hand direkt aus dem Dampfkorb gegessen ein Hochgenuss.

Feuerkochen mit Sand

Wird in Sand ein Feuer entfacht, kann dieser bis tief nach unten aufgeheizt werden. Sand ist je nach Sandart ein guter Wärmespeicher und -verteiler und deshalb zum Feuerkochen bestens geeignet. Wird er nach dem Einfeuern auseinandergescharrt, kann das Gargut direkt oder auch in Blätter gehüllt oder in einem Topf im heißen Sand vergraben und gegart werden. In Australien werden so Fische oder sogar ganze Echsen zubereitet. In Wüstengebieten wird häufig mit aufgeheiztem Sand gekocht und gebacken; nach dem Abbrennen wird das Feuer mit einer dünnen Schicht Sand bedeckt, um direkt darin Fladenbrote zu backen.

Eine weitere Methode des Garens mit Sand haben wir auf einer Reise durch Indien erlebt. Hier werden Erdnüsse unter Rühren in losem Sand geröstet, bis sie herrlich zu duften beginnen. Der Sand übernimmt die Aufgabe der Wärmeleitung, -speicherung und Temperaturverteilung.

Bei türkischem Sandkaffee wird die Metallkanne mit dem Kaffee und dem Wasser im heißen Sand aufgeheizt.

Feuerkochen mit Erde

Feuerkochen in der Erde ist als »Erdlochgaren« in der ganzen Welt bekannt. Je nach Region gibt es verschiedene, aber im Grundsatz ähnliche Methoden.

Auf den Azoren wird für das Gericht *Cozido das furnas* ein großer Kochtopf mit Weißkohlblättern ausgelegt und mit Fleisch und Gemüse befüllt. Der Topf wird dann etwa sieben Stunden in ein zwei Meter tiefes Loch mit heißen Schwefeldämpfen gestellt. Da viele Familien sich die Gruben teilen, werden die Töpfe beschriftet. Zum *Cozido* wird ein Duftwein, ebenfalls von den Azoren, getrunken.

Die Maori graben in Neuseeland Erdöfen, *Hängi* genannt. Die Speisen, etwa Lamm oder Schwein mit Süßkartoffeln, Kürbis, Kohl oder anderen Beilagen, kommen in Behälter, diese werden auf heißen Steinen auf dem Grund des Erdlochs platziert und mit nassen Tüchern und Erde bedeckt. Die Gerichte erhalten so eine rauchige, erdige Note.

Eine ähnliche Kochmethode ist die *Samoa umu*, bei der eine Erdgrube mit Steinen ausgelegt wird, die mit einem Feuer aufgeheizt werden. Die Grube wird dann mit Blättern ausgelegt und das Gargut hineingegeben, wieder mit Blättern und Erde und Steinen zugedeckt und wenn nötig nochmals ein Feuer für die Oberhitze entzündet.

In Chile wird das im Erdloch zubereitete Essen *Curanto* genannt. Das Erdloch ist hier über einen Meter tief, und das Essen wird in verschiedenen Schichten mit Pflanzentrennblättern (zum Beispiel von Rhabarber, Feigen oder Kohl) bedeckt und am Schluss mit nassen Säcken abgedichtet und mit Erde belegt. Der Effekt ist mit dem eines großen Dampfkochtopfes zu vergleichen.

Zu den Erdlochkochvarianten gehört auch der *Umu Pae* der Osterinseln.

Feuerkochen mit Salz

Salz ist unempfindlich gegen Hitze und kann in dieser Eigenschaft als Isolator dienen. So kann Fisch im Ganzen, mit einer Salzkruste bedeckt, vor der Hitze geschützt werden. Verwendet wird dafür grobes Salz, das mit etwas Wasser oder Eiweiß als Bindemittel um das Gargut herum modelliert wird. Auch Randen (Rote Bete) eignen sich gut zum Garen in der Salzkruste.

Ähnlich wie beim Garen mit Ton kann aus Salz, Wasser und Mehl ein Teig zur Ummantelung zum Beispiel von einem Huhn hergestellt und in der Glut gegart werden. Da Mehl ein wertvolles Nahrungsmittel ist, verzichten wir jedoch auf diese Methode.

ANLEITUNG ZUM FEUERKOCHEN

Die wichtigsten »Zutaten« beim Feuerkochen sind Feuer und Zeit. Zeit, um zu beobachten und erste Erfahrungen zu sammeln. Zeit auch, bis das Feuer die zum Kochen geeignete richtige Größe und Hitzeintensität hat. Dabei ist es hilfreich, ein paar einfache Grundlagen zu kennen und zu beherzigen.

Die Wahl des Ortes

Um ein sorgenfreies Feuerkocherlebnis zu genießen, gilt es vorher ein paar Abklärungen zu treffen. Befindet sich der gewählte Ort auf öffentlichem oder privatem Grund oder eventuell gar in einem Naturschutzgebiet? Darf dort ein Feuer entfacht werden? Besteht aktuell ein Feuerverbot aufgrund von Waldbrandgefahr, oder braucht es eine Bewilligung der zuständigen Stelle? Bei Anfahrt mit dem Auto braucht es möglicherweise eine Zufahrtserlaubnis.

Zu bedenken ist immer auch eine Schlechtwettervariante (Unterstand, Innenräume, Heizmöglichkeit). Der Ort sollte so gewählt werden, dass keine Nachbarn durch Rauch und Lärm gestört werden. Zu klären ist schließlich auch die Verfügbarkeit einer Toilette und von fließendem Wasser.

Am Ort selbst gilt es, die Anordnung der Feuerstelle(n), der Plätze für die Vorbereitung und für die Einnahme des Essens sorgfältig und im Ablauf sinnvoll zu planen. Zusätzliche Feuer oder Feuerschalen und Brennholz sorgen bei Bedarf für Licht, Wärme und Stimmung.

Die Wahl des Menüs

Der Spannungsbogen bei der Wahl der Gerichte reicht von lokal verwurzelten bis zu ortsfremden, exotischen Gerichten. Ortsübliche Gerichte mit Zutaten aus der Gegend haben meist eine lange, oft schon (fast) in Vergessenheit geratene Tradition, wie zum Beispiel der *Fenz* im alten Bauernhaus oder *Brischtner Nytlä* am Bergsee. Eine unübliche Kombination von Ort und Gericht kann ein interessantes Spannungsfeld aufbauen, das wiederum zu einem ganz neuen Genusserlebnis führt. So haben wir zum Beispiel in den Bergen, weit weg vom Meer, im Schnee Pinienmuscheln gekocht. Die rauchigen Muscheln haben in der klaren Bergluft ganz ausgezeichnet geschmeckt.

Wie die Gerichte selbst sollte auch die Zusammenstellung des Menüs einfach bleiben. Oft ergeben schon ein kleiner Happen zur Vorspeise, ein bescheidener Hauptgang und ein winziges Dessert ein fürstliches Mahl. Müssen alle Zutaten und Gerätschaften zu Fuß zum Ort getragen werden, empfiehlt sich erst recht ein einfaches Menü.

Feuergerichte und Wein

Wir werden oft gefragt, welcher Wein am besten zu einem Feuergericht passt. Die Antwort ist ganz einfach: Nehmen Sie Ihren Lieblingswein!

Beim Feuerkochen sind die Sinne durch das Feuer, die Szenerie, die ungewöhnlichen Gerichte, die frische Luft und die ungewohnte Kochart derart besetzt, dass für die Feinheiten eines Spitzenweines kaum Sinneskapazitäten übrig bleiben. Da unter freiem Himmel das Genusserlebnis wesentlich intensiver ist als in einem geschlossenen Raum, spielt der Wein als Begleiter zu einem Feuergericht eine eher untergeordnete Rolle.

Wetter und Jahreszeit

Feuerkochen kann man bei jedem Wetter und zu jeder Jahreszeit. Im Hochsommer heizt ein Feuer erst recht ein, lässt sich aber an lauen Abenden und in der langen Sommernacht um so mehr genießen. Im Winter rückt man gerne am Feuer zusammen, wärmt die kalten Hände und Füße und den Bauch mit einer heißen Suppe.

Auch bei schönem Wetter ist immer eine Schlechtwettervariante zu bedenken und die entsprechende Ausrüstung einzuplanen. Die für solche Unternehmungen bevorzugten ungewöhnlichen und oft etwas exponierten Orte sind in unseren Breitengraden oft dem Risiko eines Wettereinbruchs ausgesetzt.

Feuerkochen mit Kindern

Kinder brauchen keine speziellen Kindermenüs. Sie essen genau das Gleiche wie die Erwachsenen.

Kinder werden mehr noch als die Erwachsenen vom Feuer magisch angezogen. Sie wollen am Feueranlass teilhaben und beim ungewöhnlichen Kochen mitmachen. Sie lieben es, im Feuer herumzustochern, ein Stück Holz oder andere Gegenstände hineinzuhalten und herumzuexperimentieren – das ist für sie interessanter als alle Spielzeuge des übervollen Kinderzimmers. Dabei reicht der natürliche Instinkt für einen respektvollen Abstand zum Feuer vollkommen aus. Gehen wir also in den Wald, zünden wir ein Feuer an und lassen die Kinder gewähren.

Feuerstelle

Bei den Feuerstellen im Freien ist zwischen festen und mobilen Feuerstellen zu unterscheiden, wobei es auch viele Zwischenstufen gibt, zum Beispiel eine mit Steinen umgrenzte Feuerstelle auf dem Erdboden, verschiedene aufgemauerte Feuerstellen und Feueröfen sowie mobile Feuerstellen von der Feuerschale über den einfachen Autogrill bis zum aufwendigen Grillgerät mit allen Schikanen.

Liegt das Gargut direkt über dem Feuer, sprechen wir von direktem Feuer. Wird ein Raum um das Gargut erhitzt, sprechen wir von indirekter Hitze. Bei einer Feuerstelle gelangt im einfachen Fall die Hitze von unten an das Gargut; in einem Ofen oder einer ofenartigen Konstruktion erreicht man eine umseitige Hitzeeinwirkung. Bei der Einrichtung der Feuerstelle sollte auf folgende Aspekte geachtet werden:

Standort der Feuerstelle
Wenn die Möglichkeit besteht, ist der Standort so zu wählen, dass die Feuerstelle

- idealerweise rundherum von allen Seiten zugänglich ist,
- genügend Abstand zu Gebäuden und brennbarem Material hat,
- nach dem Feuer gefahrlos zurückgelassen werden kann,
- der Rauch von den Teilnehmenden weggetragen wird.

Feuer entfachen

Feuer kann auf viele Arten entfacht werden, von der archaischen Methode mit Feuersteinen oder Feuerstahl mit Zunder über Zündhölzer und Zeitungspapier bis zu Feuerzeugen und Anzündhilfen der unterschiedlichsten Art. Jeder hat seine Lieblingsmethode. Die für uns beste und effizienteste Methode ist das Anzünden mit dem Feuerzeug und wachsgetränkter Holzwolle aus dem Handel. Diese wird beim Holzfeuer unter das Holz gelegt. Beim Kohlenfeuer wird die Holzwolle direkt auf den Kohlenhaufen gelegt und angezündet. Dies reduziert den Rauch bei der Feuerentwicklung auf ein Minimum.

Anlegen der Feuerstelle

Die Feuerstelle sollte genügend groß sein. Kleine Feuerstellen schränken in der Kochfreiheit ein und erfordern ständiges Improvisieren. Es lohnt sich, mindestens zwei, besser drei unterschiedliche Zonen zu schaffen: eine Anfeuerzone, eine Rotglutzone und eine Schwachglutzone. Zudem ist eine separate Stelle ohne Hitze zum Abkühlen praktisch.

In der Anfeuerzone wird die neue Glut nachgezüchtet. Andernfalls muss immer wieder neues Brennmaterial auf die Hauptkochstelle gegeben werden; dabei fällt die Hitze zunächst zusammen, um sich dann wieder übermäßig stark aufzubäumen. Mit nur einer Feuerzone ist es praktisch unmöglich, eine konstante und andauernde Kochtemperatur über längere Zeit zu halten. Beim Kochen mit kleinen mobilen Feuerstellen sollten daher mindestens zwei, besser drei davon zur Verfügung stehen.

In der Rotglutzone und der Schwachglutzone erfolgt das eigentliche Kochen. Mit einem einfachen Stock oder einer Grillzange kann die Glut hin und her bewegt werden. Bei zu starker Hitze dient die Kühlstelle als Ausweichort.

Brennmaterial

Die in unseren Breiten am häufigsten verwendeten Brennmaterialien sind Holz und Kohle.
In anderen Gebieten werden auch andere Brennmaterialien verwendet wie Torf, getrockneter Dung, Blätter und anderes.

Holz

Feuerkochen mit Holz hat viele Vor-, aber auch Nachteile.
Vorteile eines Holzfeuers:

- Holz befindet sich oft schon in der Nähe einer bereits bestehenden Feuerstelle und muss nicht extra beschafft werden. Bei öffentlichen Feuerstellen empfiehlt sich aber die Vorabklärung.
- Die Flamme und das Knistern eines Holzfeuers erfreuen das Gemüt und zaubern eine wohlige Atmosphäre.
- Die Flamme eines Holzfeuers gibt zusätzlich Licht ab.
- Der angenehme Duft des entstehenden Rauchs bringt je nach verwendeter Holzart zusätzliche Aromen mit sich.

Nachteile eines Holzfeuers:

- Holz besteht auch aus Wasser. Durch die der Glut vorausgehende Phase der Holztrocknung und Entgasung braucht man wesentlich mehr Zeit bis zur Feuerreife als bei der Verwendung von Kohle.
- Feuchtes Holz kann oft nur schwer entzündet werden.
- Feuchtes Holz führt zu starker Rauchentwicklung.
- Holz ist voluminös und schwer und daher, falls nicht an Ort und Stelle bereits verfügbar, aufwendig zur Feuerstelle zu transportieren.

Kohle

Wie das Holz hat auch die Kohle Vor- und Nachteile.

Vorteile eines Kohlefeuers:

- Bei der Verwendung von Kohle kann die beim Holz notwendige Trocknungs- und Entgasungsphase übersprungen werden; das Feuer ist schneller bereit. Man rechnet über den Daumen etwa eine halbe Stunde für ein zum Kochen verwendbares Feuer mit Kohle.
- Kohle kann schnell, einfach und raucharm entzündet werden.
- Mit Kohle kann schneller nachgefeuert werden als mit Holz.

Nachteile eines Kohlefeuers:

- Der möglicherweise etwas höhere Preis.
- Kohle muss immer selbst an die Feuerstelle mitgebracht werden.
- Kohle vermittelt nicht die gleiche romantische Atmosphäre wie Holz.

Briketts

Briketts sind zusammengepresster Kohlenstaub. Kohlenstaub ist Abfallmaterial, das bei der Herstellung von Kohle anfällt. Während die großen Stücke aus der Köhlerei als Holzkohle verkauft werden können, wird der Abfall zu Kohlenbriketts gepresst.

Der Vorteil von Briketts ist ihre längere und gleichmäßigere Brenndauer. Nachteilig sind die längere Anzündzeit und der bei der Verbrennung entstehende penetrante Geruch. Gründe genug, beim Feuerkochen auf Briketts zu verzichten.

Regulierung der Feuerstärke

Um die Speisen einerseits nicht anbrennen zu lassen und auf der anderen Seite eine konstante und andauernde Energiezufuhr zu gewährleisten, ist die Regulierung der Feuerstärke eine wesentliche Aufgabe beim Feuerkochen. In unseren Rezepten ist immer die jeweils benötigte optimale Feuerreife angegeben.

Feuerreife

Wir teilen die Entwicklung eines Feuers (Holz- oder Kohlefeuer) in acht verschiedene Phasen der Feuerreife ein:

1. Anfeuerung
2. Aufbauendes Feuer: Holz und schwarze Kohle noch sichtbar.
3. Feuer-Höhepunkt: Sämtliches Holz bzw. Kohle brennt.
4. Niedergehendes Feuer: Das Feuer zeigt noch Flammen.
5. Rotglut: Keine Flammen mehr sichtbar.
6. Niedere Glut: Weiße Ascheschicht über der glühenden Kohle.
7. Heiß-Asche: Keine glühende Kohle mehr vorhanden.
8. Kalt-Asche: Keine Wärme mehr vorhanden.

Zum Feuerkochen eignen sich die Feuerreifestufen drei bis sieben.

Wir können es gar nicht oft genug erwähnen: Der häufigste Fehler beim Feuerkochen ist das Kochen bei zu starker Hitze. Es gilt, immer so zu kochen, dass eine Regulierung der Temperatur sowohl nach unten wie nach oben möglich ist. Ist sie zu hoch, verbrennt das Gericht; ist sie zu niedrig, wird das Gericht nicht gar.

Am besten beginnt man zuerst immer mit kleiner Hitze zu kochen und tastet sich dann an die optimale Kochtemperatur heran. Dazu legt man sich am besten wie schon beschrieben eine zweite Feuerstelle bzw. eine zweite Zone in einem größeren Feuer an, die als Reservoir genügend Nachschub an heißer Kohle liefern kann oder umgekehrt die überflüssige Kohle aufnimmt.

Die wichtigste Feuerkochregel ist, nie ein leeres Kochgefäß allein auf dem Feuer stehen zu lassen. Es geht blitzschnell, bis es heiß ist.

Ohne Thermometer geht es auch

Der Einsatz eines Thermometers wäre zwar einfacher, würde aber nicht zur Einfachheit des Feuerkochens passen; es würde von dem Gefühl für das Gericht und von der Sinnlichkeit des Feuerkochens nur ablenken. Eine Ausnahme ist das Erhitzen von Fett zum Frittieren, wo wir den Einsatz eines Thermometers aus gesundheitlichen Gründen empfehlen.

Nach dem Feuerkochen

Nach dem Feuerkochen ist die Feuerstelle sicher und die Umgebung sauber und ordentlich zurückzulassen. Das heißt:

- Vollständiges Löschen des Feuers mit Wasser.
- Holzreste werden zurück an den dafür vorgesehenen Ort gebracht.
- Angebrannte Holzstücke werden in der Feuerstelle zusammengeschoben.
- Müll und Essensreste im Abfall entsorgen.
- Feuerplatz mit einem Besen sauber kehren.

Je weniger Verpackung wir zur Feuerstelle tragen, desto leichter ist unser Gepäck auf dem Rückweg. Die Abfallentsorgung beginnt deshalb schon zu Hause: Nicht mitgenommen, ist schon entsorgt. Auch wenn es an der Feuerstelle Abfalleimer gibt, nehmen wir trotzdem konsequent all unseren Abfall wieder mit nach Hause.

Besonders wichtig ist uns die Verwertung jeglicher Speisereste; es wird nichts weggeworfen. Alle Reste werden in Tüten verpackt und wieder mitgenommen.

Geschirr und Gläser

Wir schätzen Porzellangeschirr und halten nichts von Einweggeschirr aus dem Supermarkt. Am besten eignet sich ein Suppenteller, da aus ihm alle Gerichte gegessen werden können. Als Besteck reicht für flüssige Gerichte ein Suppenlöffel. Feste Gerichte können mit den Händen gegessen werden.

Für eine erste, grobe Reinigung nach dem Essen können die Essensrückstände mit Küchenpapier entfernt werden. Das schmutzige Geschirr wird ohne Abwaschen wieder mit nach Hause genommen. Bei mehreren Gängen kann man bei Bedarf den eigenen Teller vor dem nächsten Gang mit etwas Wasser reinigen und mit Küchenpapier auswischen.

Kleine Einmachgläser haben sich bei unseren Anlässen als Trinkgefäße am besten bewährt. Sie eignen sich für heiße und kalte, für alkoholische wie nichtalkoholische Getränke. Und sie sehen zudem gut aus. Bei Wein kann auf Weißwein problemlos der Rotwein im selben Glas folgen. Bei Bedarf kann das Glas mit etwas Wasser ausgespült werden.

Hygiene

Hygiene und gründliches Händewaschen sind auch beim Feuerkochen elementar. Manchmal steht zum Händewaschen ein Brunnen, ein Bergsee oder ein fließendes Gewässer zur Verfügung; Pfützen und stehende Gewässer sind zu meiden. Es empfiehlt sich, in einem geeigneten Behälter (Trinkwasserkanister) Wasser mitzunehmen. Es ist ganz erstaunlich, mit wie wenig Wasser die Hände gewaschen werden können. Ein kleines Stück natürlicher Olivenkernseife ohne Zusatzstoffe tut dabei bestens ihren Dienst. Zum Abtrocknen eignet sich ein einfaches Papierhandtuch oder Küchenpapier.

Feuerkochausrüstung und worauf beim Kauf zu achten ist

Zum Feuerkochen muss nicht gleich die ganze Küchenausrüstung mitgenommen werden. Wenige, dafür aber gute Kochutensilien genügen. Bei unseren Rezepten sind die benötigten Utensilien jeweils aufgeführt.

Grillzange
Die einfachsten Grillzangen sind die besten. Sie sollten

- möglichst lang sein, um genügend Distanz zum Feuer zu erhalten.
- ganz aus Metall sein und keine Kunststoffteile enthalten.
- vorne mit Zacken versehen sein, um das Gargut rutschfest greifen zu können.

Grillrost für unterwegs

Je einfacher, leichter und transportabler der Grillrost ist, desto besser. Schwere Grillroste sind für zu Hause geeignet. Aus gesundheitlichen Gründen darf der Grillrost nicht verzinkt sein; die entstehenden Dämpfe sind gesundheitsschädlich. Mit drei Steinen aus der Umgebung kann eine einfache Auflage erstellt werden, die für die nötige Distanz zwischen Rost und Feuer sorgt.

Zusammenklappbare Doppelgrillroste gibt es für wenig Geld in orientalischen Geschäften zu kaufen. Sie sind ein wunderbares Hilfsmittel beim Feuerkochen. Wir verwenden sie hauptsächlich für Fisch, Pulpo, Calçots und andere über dem Feuer schwer zu wendende Lebensmittel.

Schneidebrett

Es gibt nichts Schöneres beim Kochen, als mit einem guten Messer auf einem massiven Holzbrett zu schneiden. Da ein großes Brett aber schwer und unhandlich ist, ist auch ein kleines mobiles Schneidebrett für praktisch jedes Feuergericht verwendbar. Wir bevorzugen kleine Holzbretter, zum Beispiel dünne leichte Schindeln aus Holz. Draußen in der Natur kann auch gut ein dicker Ast oder ein sauberer Baumstrunk als Schneideunterlage dienen.

Schüssel

Eine Schüssel dient zum Vermengen von Zutaten, zum Mischen, Aufbewahren oder zum Schöpfen. Nach unserer Erfahrung eignen sich leichte metallene Kochschüsseln am besten. Wir bevorzugen große Schüsseln, ideal ist ein Durchmesser von etwa 20 bis 30 Zentimetern.

Messer

Ein einfaches Messer genügt, egal ob groß oder klein. Wichtig ist nur, dass es eine scharfe Klinge hat.

Löffel

Löffel dienen zum Schöpfen, Streichen, Dosieren oder zum Essen. Am praktischsten ist ein Ess- oder Suppenlöffel, der in jeder Situation universell verwendbar ist.

Gabel

Gabeln sind ein Luxus, auf den man beim Feuerkochen verzichten kann. Die beste Gabel beim Feuerkochen sind die eigenen Finger.

Servietten

Servietten sind ebenfalls Luxus. Am einfachsten und universellsten verwendbar ist eine Rolle dünnes Küchenpapier. Ästheten nehmen einfache kleine Servietten.

Feuerhandschuhe
Sie sind wichtig als Schutz der Hände vor Hitze, deshalb brauchen wir immer zwei davon. Beim Kauf ist darauf zu achten, dass sie möglichst lang sind, um auch die Unterarme zu schützen. Außerdem sollen sie möglichst gut isoliert sein, damit auch schwere Gegenstände gut angehoben werden können. Da sie bei Gebrauch immer schmutzig werden, müssen sie waschbar sein. Wir kaufen nie sehr teure Modelle und ersetzen sie dafür lieber von Zeit zu Zeit.

Feuerhaube
Die Feuerhaube dient beim Räuchern zur Herstellung einer Rauch- und Hitzekammer. Der Deckel des billigsten Kugelgrills genügt dazu völlig. Wenn man auch das Unterteil des einfachen Kugelgrills zur Haube umfunktioniert und einen Griff daranmontiert, erhält man gleich noch einen zweiten Deckel dazu.

Eisenpfanne
Eine schwere Eisenpfanne ist das Herzstück der Feuerküche. Hier in Qualität zu investieren, lohnt sich und macht Freude beim Kochen. Und eine gute Eisenpfanne hält ein Leben lang. Obwohl sie schwer ist, lohnt es sich allemal, sie auch an einen entfernteren Ort zu schleppen. Der dicke Eisenboden ist ein guter Isolator zur Glut hin, das Gewicht vergrößert die Kontaktfläche zur Kohle, und die große Masse der Grundfläche speichert genug Hitze, um auch sehr wasserhaltige Zutaten schnell zu rösten, wie zum Beispiel Pilze.

Auf alten Pfannen lernt man kochen. Dieses alte Sprichwort hat einen ganz praktischen

Hintergrund. Alte Pfannen haben vom vielen Gebrauch eine Patina angesetzt, die das blanke Eisen vom Gargut trennt und als Antihaftschicht dient. Eine alte Pfanne hat vieles überstanden, sich in der Praxis bewährt, viele gute Gerichte geboren und trägt unzählige Geschichten eingebrannt in ihrer Haut.

Gute alte Pfannen sind jedoch rar, deshalb bleibt oft nichts anderes übrig, als eine neue Pfanne zu kaufen. Eine fabrikneue Pfanne ist erst einmal ein Stück lebloses Metall, ungewohnt und neu. Sie muss nach dem Kauf erst eingebrannt und feuertauglich gemacht werden.

Das funktioniert folgendermaßen:

1. Wir entzünden ein Kohlefeuer auf einer Unterlage mit guter Zugluft.
2. Die Pfanne wird zuerst mit Seifenwasser gründlich gewaschen und abgetrocknet.
3. Danach reibt man sie mit einem mit Leinsamenöl getränkten Küchenpapier innen gut ein.
4. Man setzt sie über eine hohe Hitze. Am besten eignet sich dazu ein Kohlefeuer auf dem Feuer-Höhepunkt. Nun beginnt sich das Leinsamenöl einzubrennen und bildet eine zähe schwarze Schicht auf der Eisenpfanne. Am besten beginnt man mit dem Einbrennen an einer Randstelle, zum Beispiel beim Stiel, und dreht die Pfanne dann Stück für Stück, bis sie rundherum eingebrannt ist.
5. Beim Einbrennen ist darauf zu achten, dass die Hitze nicht allzu aggressiv ist, sonst löst sich die Schicht wieder von der Pfanne und das rohe Eisen kommt zum Vorschein. In diesem Fall die Pfanne einfach neu einölen und den Vorgang wiederholen.
6. Nach dem Einbrennen die Pfanne mit Wasser waschen und trocknen. Sie ist nun gebrauchsfertig.

Der ganze Einbrennvorgang braucht etwas Geduld und muss möglicherweise ein paarmal wiederholt werden, bis die Pfanne gleichmäßig schwarz beschichtet ist. Auch nach häufigem Gebrauch muss die Pfanne ab und zu neu beschichtet werden. Eine gut eingebrannte Pfanne wird ausschließlich mit Wasser gewaschen und getrocknet. Rost wird vermieden, indem sie nach Gebrauch gut eingeölt wird, zum Beispiel mit Rapsöl.

Wok

Als Abwechslung zur schweren Eisenpfanne verwenden wir einen Wok. Die gesamte Kochfläche im Wok ist etwa doppelt so groß wie bei einer entsprechend großen Pfanne; er eignet sich deshalb besonders gut zum heißen Braten. Der dünnwandige Wok hat gegenüber der Eisenpfanne den Vorteil, dass er durch die große Oberfläche bei der Wegnahme vom Feuer schnell abkühlt und durch die geringere Masse nicht noch lange nachheizt. Der Wok wird auf eine Dreisteinauflage gestellt.

DIE FEUER-KOCHREZEPTE

Feuerkochen kann man an den vielfältigsten und auch ungewöhnlichsten Orten. Ungewöhnlich heißt hier nicht nur ausgefallen, sondern auch nicht alltäglich. Ein Schloss, eine Berghütte, ein Kohlenmeiler haben ihren Reiz. Aber auch der Garten zu Hause, die Garage, das Waldstück um die Ecke, der Wiesenrand auf dem Weg zur Arbeit oder das nahe gelegene Flussufer sind ein Kocherlebnis wert. In jeder Jahreszeit und bei jedem Wetter.

Mengenangaben

Mengenangaben beim Feuerkochen müssen nie ganz genau sein (siehe auch Seite 242). Es geht hier immer um die persönliche Interpretation, die individuelle Note. Wir lieben deshalb Mengenangaben wie: ein Schluck, eine Handvoll, ein Bund. Das genaue Abwiegen lenkt von der Sinnlichkeit des Kochens ab und bedeutet eine eher technische Betrachtung der Zutaten. Das wollen wir vermeiden und dem Genuss – schon beim Kochen – mehr Raum geben.

Die meisten Rezepte sind für vier Personen berechnet. Feuergerichte werden aber besser, wenn sie in einer größeren Menge zubereitet werden. Größere Mengen sind auch weniger empfindlich gegenüber der Hitzeeinwirkung. Draußen in der Natur ist der Hunger meist sowieso größer als zuhause in der guten Stube, zumal das Feuerkochen auch mit mehr körperlicher Aktivität und damit einem größeren Kalorienverbrauch verbunden ist.

Es lohnt sich aber, immer einige Beutel mitzuführen, um eventuelle Reste einpacken und wieder mit nach Hause nehmen zu können. Feuergerichte schmecken auch am nächsten Tag noch erstaunlich gut.

FEUERKOCHEN IN DER ALTEN MÜHLE

Eine alte Mühle, in dominanter und eindrücklicher Lage unten im kleinen Tal. Der idyllische Mühlbach hat sich tief in den Sandstein eingeschnitten. Das Wasser spendet Frische und Abkühlung. Es riecht nach Moos und wilden Kräutern. Im Bach wächst büschelweise Brunnenkresse, am schattigen Ufer sprießt der Knoblauchhederich.

Es ist Frühling. Ein magischer Kraftort, der zum Feuerkochen und zum gemeinsamen Genießen unter freiem Himmel geradezu einlädt. Bei Regen und Kälte bietet der riesige Mühlenraum Schutz und Wärme.

PAN HEDERICH

Gutes Brot, leicht angeröstet, ist eine einfache, praktische Grundlage für viele schmackhafte Vorspeisen vom Feuer. In unregelmäßige Scheiben geschnitten und auf kleiner Glut angeröstet, kann es mit rohen oder feuergekochten Zutaten belegt und sofort genossen werden.

50 g Zedern- oder Pinienkerne
einige Handvoll frischer Knoblauchhederich oder andere Wildkräuter
1 Peperoncino
1 unbehandelte Zitrone
100 ml bestes kaltgepresstes Olivenöl
bestes dunkles Brot mit Kruste
Salzflocken

Feuerkochutensilien
Eisenpfanne
Esslöffel
Messer
Schneidebrett
Schüssel
Grillrost
Grillzange

Feuerreife
Rotglut/schwache Glut: Bei Rotglut das Brot nur kurz und mit angemessener Distanz zur Glut rösten; sonst verbrennt es und schmeckt sofort bitter. Schwache Glut eignet sich besser zum duftigen Knusprigrösten. Dem Brot sollte zur Erwärmung aber genügend Zeit auf dem Feuer gegeben werden.

Im Frühling und Sommer findet man in schattigen Wäldern und am Waldrand häufig den nur leicht nach Knoblauch riechenden Knoblauchhederich, auch Knoblauchsrauke genannt. Da der angenehme Geruch beim Erhitzen verloren geht, verwendet man die zarten Blätter am besten roh. Knoblauchhederich hinterlässt im Gegensatz zu Knoblauch keinen unangenehmen Geschmack im Mund. Alternativ dazu kann man natürlich auch andere essbare Wildkräuter verwenden. Immer und fast überall auf Wiesen und an Wegrändern anzutreffen ist der Spitzwegerich. Anstelle von Wildkräutern gehen natürlich auch Gartenkräuter wie Rucola oder Kresse.

Die Kerne in der Eisenpfanne leicht anrösten, damit sie Geschmack entwickeln. Während des Röstens ständig mit dem Löffel rühren, damit sie nicht anbrennen.

Den Knoblauchhederich mit dem Messer grob schneiden und in eine Schüssel geben. Den Peperoncino samt den Samen hacken und zum Knoblauchhederich geben. Von der Zitrone ein wenig Schale mit dem Messer abschaben und ebenfalls zugeben. Je einen Spritzer Olivenöl und Zitronensaft dazugeben und alles vermengen.

Das Brot in etwa 2 cm dicke Scheiben schneiden und auf beiden Seiten leicht anrösten. Das geröstete Brot mit Olivenöl beträufeln und die Kräutermischung daraufgeben. Mit den gerösteten Kernen, Olivenöl und Salzflocken toppen. Sofort aus der Hand genießen, das Brot ist dann wunderbar lauwarm und knusprig.

SO GEHT ES NOCH EINFACHER Die Brotscheiben können auch ohne Brett einfach so mit dem Messer heruntergeschnitten werden. Das Anrösten geht auch durch ganz kurzes Auflegen direkt auf die Glut. Wer keine Grillzange zur Hand hat, kann das Brot mit einem Holzstock über die Glut halten.

Die Kerne können auch ungeröstet verwendet werden, dann erspart man sich die Pfanne. Werden die Zutaten nach und nach jeweils direkt auf das Brot gegeben, kann man sich auch noch die Schüssel sparen.

BROT MIT TOMATE

Tomate, Brot, Salz und Olivenöl sind eine göttliche Kombination, die viele traditionelle Gerichte prägt. Bei den Katalanen heißt Brot mit Tomate »Pa amb tomàquet«; es war früher ein Armeleuteessen und ist das heimliche Nationalgericht der Katalanen. Reife Tomaten werden halbiert und mit der flachen Hand an einer groben Reibe gerieben; die Schale bleibt dabei zurück. Diese Methode hat gegenüber der Bruschetta, bei welcher die Tomaten mitsamt der Schale klein geschnitten werden, den Vorteil, dass beim ersten herzhaften Zubeißen der Rest des Belags nicht gleich auf der Hand oder dem Boden landet.

Bestes dunkles Brot mit Kruste
2–4 reife schmackhafte Fleischtomaten
1 Knoblauchzehe
bestes kaltgepresstes Olivenöl
Salzflocken

Feuerkochutensilien
Messer
Schneidebrett
Grillrost
Gemüsereibe
Schüssel
Esslöffel
Grillzange

Feuerreife
Rotglut/schwache Glut: Bei Rotglut das Brot nur kurz und mit angemessener Distanz zur Glut rösten. Sonst verbrennt es und wird ungenießbar. Schwache Glut eignet sich besser zum duftigen Knusprigrösten, da dem Brot genügend Zeit auf dem Feuer zur Erwärmung gegeben wird.

Das Brot in etwa 2 cm dicke Scheiben schneiden und von beiden Seiten über kleiner Glut gut anrösten. Die Tomaten auf einer Gemüsereibe reiben. Die Oberseite der gerösteten Brotscheiben mit der Knoblauchzehe einreiben. Mit Olivenöl beträufeln und mit den geriebenen Tomaten belegen. Mit etwas Olivenöl beträufeln und mit Salzflocken würzen. Sofort genießen. Wird das Brot nicht gleich nach der Zubereitung gegessen, zieht es etwas durch und wird weicher.

SO GEHT ES NOCH EINFACHER Anstatt die Tomaten zuerst auf der Gemüsereibe zu reiben, können sie auch direkt auf das Brot gerieben werden. Die raue Oberfläche des gut gerösteten Brotes dient dabei wie schon beim Knoblauch als »Reibe«.

VARIANTEN Die oben beschriebene Grundzubereitung lässt sich auf spanische Art mit Manchegokäse oder Serranoschinken erweitern. Statt dunklem Brot kann auch Weißbrot verwendet werden.

CHILLFOODY – EINE ERFRISCHUNG, DIE FREUDE MACHT

Dieses Erfrischungsgetränk ist ein idealer Begleiter zu Feuergerichten. Wir bieten es oft bei unseren Feueranlässen an. Es bringt Frische und Geschmack, öffnet die Sinne und erfreut das Auge.

250 g reife Erdbeeren
5 EL Ingwersirup (siehe unten)
2 Limetten, Saft
100 ml weißer Rum
Eiswürfel
ca. ½ Flasche Prosecco (oder als alkoholfreie Variante Apfelsaft anstelle von Prosecco und Rum)

Feuerkochutensilien
Kochtopf
Sieb
Krug
Kochlöffel

Ingwersirup herstellen
1 Teil Wasser und 1 Teil Zucker zusammen mit einigen Scheiben frischen gewaschenen Ingwers aufkochen und zu Sirupkonsistenz einkochen, dann abkühlen lassen. Den Sirup durch ein Sieb abgießen. Der Sirup lässt sich bestens auf dem Feuer kochen oder schon zuhause in größerer Menge vorbereiten. Er hält sich gut im Kühlschrank.

Die Erdbeeren putzen und in einem großen Krug mit einem Kochlöffel zerstampfen. Ingwersirup, Limettensaft und weißen Rum dazugeben. Mit Eiswürfeln und Prosecco auffüllen.

VARIANTE Es eignen sich auch andere Saisonfrüchte, zum Beispiel Wassermelone, Himbeeren, Aprikosen, Heidelbeeren.

FORELLE AUF DEM STEIN

Klare, kühle Bäche sind der ideale Lebensraum von Forellen und Saiblingen. Wenn in der Nähe der Feuerkochstelle ein Bach fließt, passt ein Gericht mit Fisch besonders gut. Fisch auf den Punkt glasig zu garen, ist die hohe Schule der Kochkunst. Doch erstaunlicherweise ist dieser ideale Garpunkt auch beim archaischen Kochen mit einfachsten Mitteln und am offenen Feuer gut zu erreichen.

2 frische ganze Bioforellen oder 4 Forellenfilets mit Haut
2 unbehandelte Zitronen
wenig Rapsöl
Salzflocken
Zitronensaft, nach Belieben

Feuerkochutensilien
Messer
Schneidebrett
4 flache Steine
Feuerhandschuhe
Grillzange

Feuerreife
Niedergehendes Feuer/Rotglut: Bei Rotglut legt man die Steine vor das Feuer. Bei schwacher Glut kann man sie direkt auf die Glut legen.

Die Fische filetieren und alle Gräten sorgfältig entfernen.

Die Zitronenschale in möglichst breiten, aber feinen Streifen abschneiden; darauf achten, dass der bittere weiße Teil der Schale zurückbleibt.

Die kalten Steine dünn mit Rapsöl einreiben und mit der Zitronenschale belegen. Je 1 Fischstück mit der Hautseite nach unten auf die Zitronenschale auf den Stein legen und leicht salzen. Die Steine mit den Fischen darauf auf die Glut legen und erwärmen, bis der Garvorgang beginnt. Beobachten, wie das Fischfleisch langsam von außen nach innen gart, indem die rosarote Farbe zu Weiß übergeht. Der Fisch ist optimal gar, kurz bevor die dickste Stelle in Weiß umschlägt. Dann die Steine sofort von der Glut nehmen und beiseitestellen. Achtung: Der Fisch gart auf dem heißen Stein nach! Je dicker und größer der Stein ist, desto stärker ist das Nachgaren. Entweder den Fisch sofort vom Stein nehmen oder die Nachgarzeit berücksichtigen und den Stein frühzeitig aus dem Feuer ziehen. Den Fisch nach Belieben mit einem Spritzer Zitronensaft würzen.

VARIANTEN Anstelle von Forelle kann jeder andere Fisch mit Haut verwendet werden. Die Haut dient dazu, den Fisch in Form zu halten und ihn nach dem Garen vom Stein lösen zu können.

Anstelle von Zitronen- können auch unbehandelte Orangenschale oder Wildkräuter als Unterlage auf dem Stein dienen. Anstelle von Fisch kann auch eine quer in zwei flache Stücke halbierte Hühnerbrust auf dem Stein gegart werden. Im Gegensatz zu Fisch ist bei Huhn darauf zu achten, dass das Fleisch gut durchgegart ist.

CHUTNEY AUS WASSERMELONEN-RINDE

Als wir einmal Wassermelonenrinde übrig hatten, haben wir sie als passende Kombination zu Fisch als Chutney zubereitet. Die süßsauren, würzigen Melonenstücke haben einen interessanten, ungewöhnlichen Biss und sorgen mit ihrer Konsistenz auf der Zunge für Abwechslung zum eher weichen Fisch.

200 g Wassermelonenrinde mit weißem Fruchtfleisch, ohne grüne Schale
5 EL Apfelessig
50 g Zucker
100 ml Wasser, eventuell etwas mehr
schwarzer Pfeffer aus der Mühle
4 Pimentkörner, 2 davon zerstoßen
1 kleine Handvoll frisch geriebener Ingwer
1 unbehandelte Orange, etwas abgeriebene Schale
¼ TL Salz
¼ TL gelbe Senfkörner
getrocknete Chiliflocken, nach Belieben

Feuerkochutensilien
Messer
Schneidebrett
Kochtopf
Kochlöffel
Feuerhandschuhe

Feuerreife
Rotglut/niedere Glut

Die grüne Schale der Wassermelone wegschneiden, das hellgrüne und weiße Fruchtfleisch darunter in Streifen schneiden. Alle Zutaten für das Chutney in den Topf geben und langsam unter Rühren zum Kochen bringen. Bei kleiner Hitze etwa 1 Stunde köcheln lassen, bis die Melonenstreifen durchsichtig geworden sind; falls nötig noch etwas Wasser nachgießen. Vom Feuer nehmen und auskühlen lassen.

Es empfiehlt sich, gleich eine größere Menge auf Vorrat einzukochen. Dann die entsprechende Menge heiß ausgekochter Gläser von zu Hause mitnehmen.

VARIANTEN Die Zutaten und Gewürze für Chutneys lassen sich beinahe grenzenlos variieren. Unbedingt verschiedene Varianten und Würzungen nach Vorliebe ausprobieren!

SO GEHT ES NOCH EINFACHER Das Chutney bereits zuhause zubereiten und heiß in sterile Gläser abfüllen. Es empfiehlt sich dabei, gleich auf Vorrat eine größere Menge zu kochen.

KOHLEFLEISCH

Fleisch direkt auf der Kohle zu garen, ist die wohl älteste Garmethode der Menschheit und unser einfachstes Rezept. Das fettfreie Fleisch wird direkt auf die rote Glut gelegt und kurz gebraten. Die dabei entstehenden Röstaromen sind unvergleichlich. Durch die hohe Hitze und die kurze Garzeit ist das Fleisch innen noch rosarot. Am Schluss wird nur mit ein paar Salzflocken gewürzt.

600 g bestes, fettfreies Fleisch vom Rind, z. B. Hüfte oder Zwerchfellmuskelfleisch
Salzflocken

Feuerkochutensilien
Messer
Schneidebrett
Grillzange

Feuerreife
Rotglut

Das Fleisch in 2 cm dicke und 2 cm breite Streifen von etwa 15 cm Länge schneiden. Die Fleischstreifen direkt auf die Kohlenglut geben.
Das Fleisch nach 20 Sekunden mit der Grillzange anheben, anhaftende Kohlestücke abschütteln und das Fleisch wenden. Diesen Vorgang zwei- oder mehrmals wiederholen. Die restliche Kohle abschütteln und das Fleisch etwas ruhen lassen. Gegen die Faserrichtung aufschneiden und mit Salzflocken würzen. Mit den Fingern essen. Ein Hochgenuss der einfachsten Art!

WICHTIG! Das verwendete Fleisch muss absolut fettfrei sein, um die Entstehung von gesundheitsschädlichen Stoffen zu vermeiden.

ERDBEER-CAMEMBERT AUS DEM RAUCH

Feuergeschmolzener Käse erfreut die Seele. Und das erst recht, wenn er auf dem Weg zum Gaumen von einer süß-rauchigen Komponente begleitet wird. Am besten schmeckt er mit einer frisch gekochten Konfitüre. Im Frühling haben wir dazu Erdbeeren eingekocht. Dieses Gericht kann als Vorspeise, Hauptgang oder Dessert gegessen werden.

100 g Erdbeeren
100 g Zucker
einige Spritzer Zitronensaft
1 reifer Camembert (ca. 11 cm Durchmesser) in der Holzschachtel
1 Brot

Feuerkochutensilien
1 Lärchenbrett
Messer
Schneidebrett
Kochtopf
Suppenlöffel
Grillrost
Grillzange
Grill- oder Bratenschnur
Feuerhaube
Feuerhandschuhe

Feuerreife
Schwache Glut

Das Lärchenbrett vorab etwa 2 Stunden wässern, zum Beispiel in einem Brunnen oder in einem Eimer Wasser.

Die Erdbeeren putzen und mit dem Zucker in einem kleinen Topf zu Konfitüre kochen. Am Schluss etwas Zitronensaft beigeben. Dann abkühlen lassen.

Das Lärchenbrett auf einer Seite kurz anrösten, damit es sich beim Räuchern nicht allzu stark durchbiegt. Den Camembert mit Küchenschnur umwickeln, damit er die Form behält und Auslaufen verhindert wird; in den Deckel der Holzschachtel legen.

Die Erdbeerkonfitüre mit einem Löffel auf den Käse geben und diesen auf dem Lärchenbrett etwa 10 Minuten, mit der Feuerhaube bedeckt, auf schwacher Glut räuchern.

Das Brot längs in Stücke schneiden und diese falls gewünscht leicht anrösten. Das Brot in den geschmolzenen Käse tauchen und genießen.

VARIANTEN Je nach Jahreszeit können andere Früchte für die Herstellung der Konfitüre verwendet werden, zum Beispiel Rhabarber, Himbeeren, Aprikosen, Zwetschgen und vieles mehr.

SO GEHT ES NOCH EINFACHER Die Erdbeerkonfiture kann bereits zuhause gekocht oder aus dem Vorrat mitgenommen werden.

CALÇOTS – KATALANISCHE FEUERZWIEBELN

Im ländlichen Katalonien werden im Winter auf den abgedeckten Böden eine Art Frühlings- oder Lauchzwiebeln gezogen. Damit die Zwiebeln einen dicken fleischigen Stängel bilden, wird Erde angehäuft, ähnlich wie bei uns bei den Kartoffeln. Das Anhäufen der Erde nennt man »calzar« (wörtlich so viel wie »Schuhe anziehen«); davon leitet sich der Name der Zwiebeln ab. Beim Fest der »Calçotada« wird das im Winter anfallende Rebholz angefeuert und die Zwiebeln auf offener Flamme schwarz gebraten. Da die originalen Lauchzwiebeln bei uns nur schwer erhältlich sind, nehmen wir als Ersatz lange und dick gewachsene Frühlingszwiebeln. Beim Kauf darauf achten, dass die Zwiebeln Wurzeln haben. Diese verhindern das Auslaufen des Saftes beim Erhitzen.

Als Vorspeise für 4 Personen 12 dickstielige, möglichst gleich große Frühlingszwiebeln, als Hauptspeise bis zu 10 oder mehr pro Person
Romescosauce (siehe Seite 58)

Feuerkochutensilien
Doppelgrillrost
Feuerhandschuhe

Außerdem
Zeitungspapier
Plastikbeutel

Feuerreife
Feuer oder Glut auf dem Höhepunkt

Die Zwiebeln werden ungewaschen und mitsamt den Wurzeln, etwas gegeneinander versetzt, in einen Doppelgrillrost geklemmt. Dann werden sie über der starken Glut so lange beidseitig geröstet, bis die äußerste Schicht vollständig schwarz ist. Es ist darauf zu achten, dass nur der untere Teil der Zwiebeln über dem Feuer liegt, nicht der grüne Teil. Die heißen schwarz gerösteten Zwiebeln aus dem Gitter nehmen, gut in Zeitungspapier einwickeln und in einem Plastikbeutel etwa 15 Minuten ruhen lassen.

Zum Verzehr fasst man die Zwiebeln mit den Fingern an den verbliebenen rünen Blättern, zieht mit der anderen Hand die schwarz gebrannte Haut ab und tunkt dann den zarten weißen Teil in die Romescosauce. Man genießt sie als Fingerfood direkt von der Hand in den Mund.

SO GEHT ES NOCH EINFACHER Die Zwiebeln können auch ohne Gitter direkt in die rote Glut gelegt werden. Auch hier ist zu beachten, dass der grüne Teil der Zwiebeln nicht verbrennt.

ROMESCOSAUCE

Die aus Tarragona stammende Romescosauce ist nicht nur der ideale Begleiter zu »Calçots«. Diese absolut süchtig machende dickflüssige Sauce eignet sich auch zu vielen anderen Gerichten. Sie ist aufgrund der Anzahl der Zutaten vielleicht etwas aufwendig in der Zubereitung, die Mühe wird aber durch das nachfolgende Fest der Sinne mehr als entschädigt.

1 getrocknete Paprikaschote oder
1 TL edelsüßes Paprikapulver
12 Mandelkerne
12 Haselnusskerne
100 ml bestes Olivenöl
1 Chilischote
4 Knoblauchzehen
1 Scheibe Brot, in Würfel geschnitten
2 Fleischtomaten
1 EL Petersilie
3 EL Weinessig
etwas Wasser bei Bedarf
Salz, schwarzer Pfeffer aus der Mühle

Feuerkochutensilien
Eisenpfanne
Esslöffel
Schüssel
Messer
Schneidebrett
Mörser mit Stößel

Feuerreife
Rotglut/schwache Glut

Die getrocknete Paprikaschote etwa 30 Minuten in Wasser einlegen oder alternativ Paprikapulver verwenden. Die Mandeln und die Haselnüsse in einer schweren Eisenpfanne unter ständigem Rühren anrösten; sie sollen nicht schwarz werden. Herausnehmen und beiseitestellen.

2 Esslöffel Öl in der Eisenpfanne erhitzen. Die eingeweichte Paprika mit der in Stücke gebrochenen Chilischote darin anrösten, die Knoblauchzehen und die Brotwürfel zugeben und mitrösten. Alles herausnehmen und zur Seite stellen.

Die ganzen Tomaten mit Haut entweder in der Pfanne, auf dem Grillrost oder direkt auf der Glut anbraten.

Im Mörser nach und nach die vorbereiteten Zutaten sowie die Petersilie fein zerstampfen und am Schluss mit dem Essig vermischen. Es sollte eine dickflüssige, geschmeidige Sauce entstehen. Ist sie zu dickflüssig, etwas Wasser zugeben. Mit Salz und frisch gemahlenem Pfeffer abschmecken.

SO GEHT ES NOCH EINFACHER Statt im Mörser können die Zutaten auch auf einem Brett mit dem Messer fein gehackt werden. Die Sauce schmeckt auch, wenn sie nicht die originale Feinheit und Sämigkeit aufweist.

Da die Sauce im Kühlschrank ohne Qualitätsverlust 2–3 Tage aufbewahrt werden kann, ist sie gut schon im Voraus zu Hause zuzubereiten. Dann kann die Sauce statt im Mörser im Mixer zu einer cremigen Konsistenz verarbeitet werden.

VARIANTEN Die von Natur aus vegane Sauce eignet sich hervorragend als Begleiter von Kartoffeln, Gemüse und Fleisch oder als Sauce zu Pasta oder Reis. Ganz besonders betörend ist sie, wenn ein Stück Brot mit der Hand hindurchgezogen und direkt gegessen wird.

FEUERAUBERGINEN

Auf einer Reise durch Israel und Palästina sind wir auf dieses Gericht gestoßen. Wir wurden dazu eingeladen, und es war in all seiner Einfachheit unglaublich gut. Beim Kauf der Auberginen ist darauf zu achten, dass sie vollständig reif sind. Dies erkennt man daran, dass das runde Ende der Frucht keine helle grünliche Stelle mehr aufweist und sie durch und durch dunkelviolett gefärbt ist.

1 TL eingelegte Salzzitrone (siehe Seite 84)
1 Knoblauchzehe
1 Bund frischer Estragon, Blättchen abgezupft
Olivenöl
2 große reife Auberginen
1 Limette
1 Becher griechischer Naturjoghurt
Salzflocken

Feuerkochutensilien
Mörser mit Stößel
Löffel
Grillzange
Messer
Schneidebrett

Feuerreife
Rotglut

Die Salzzitrone grob hacken und mit dem Knoblauch im Mörser zerstoßen. Die Estragonblätter zugeben und weiter mörsern. Einen Schuss Olivenöl zugeben und gut verrühren.

Die Auberginen direkt auf die Glut legen, etwa 4 Minuten garen, dann umdrehen und nochmals 3 Minuten zu Ende garen. Dabei darf sich die Haut ruhig schwarz färben, das gibt dem Gericht die typische rauchige Note. Mit der Messerspitze prüfen, ob die Auberginen durch und durch weich sind; dann vom Feuer nehmen und etwas abkühlen lassen. Auf einer Seite längs aufschneiden und die Frucht aufklappen. Großzügig Limettensaft darüberpressen. Die Estragonmischung darübergeben und mit einem Löffel mit dem Auberginenfleisch vermischen. Den Joghurt und einen zusätzlichen Schuss Olivenöl zugeben, mit einer Prise Salzflocken würzen und nochmals vermischen.

Die Auberginen gemeinsam auslöffeln – die Augen schließen und einfach nur genießen.

VARIANTE Lässt man den Joghurt weg, ergibt sich ein herrliches veganes Feuergericht.

SHAKSHUKA MIT WACHTELEIERN – EIN ISRAELISCHES FRÜHSTÜCK

Auch dieses Gericht haben wir auf unserer Reise durch Israel und Palästina kennengelernt. Gemäß der Weisheit von Uri Buri, dem Fischkoch aus Akko, dass es den Frieden fördert, wenn man zusammen aus einem Gefäß isst, kommt bei uns die Shakshuka in die Mitte des Tisches, und alle essen von Hand mit dem Brot direkt aus der Pfanne. Dieses Gericht wird traditionell zum Frühstück gegessen. Es ist ein guter Start in den Tag und ideal, um auf dem Feuer gekocht zu werden. Den orientalischen Charakter erhält es durch den frisch gemahlenen Kreuzkümmel, der die Verdauung anregt.

Für 1 große Pfanne
4 reife Tomaten
2 Paprikaschoten
1 rote Chilischote
7 Knoblauchzehen
1 große Zwiebel
5 EL Olivenöl
1 Handvoll Petersilie, gehackt
½ TL gemahlener Kreuzkümmel
Salz, Pfeffer aus der Mühle
12 Wachteleier
einige Petersilien- oder Korianderblätter zum Garnieren
Pitabrot

Feuerkochutensilien
Grillzange
Messer
Schneidebrett
Schüssel
Eisenpfanne
Esslöffel

Feuerreife
Rotglut/schwache Glut

Die Tomaten und die Paprikaschoten auf die Glut legen und kurz braten, bis sich die Haut schwärzlich verfärbt. Vom Feuer nehmen und abkühlen lassen, die schwarze Haut abschälen und die Paprikaschoten entkernen.

Die Chilischote und den Knoblauch fein, die Zwiebel in feine Streifen schneiden. In der Eisenpfanne im Olivenöl langsam gut andünsten. Die Tomaten und die Paprikaschoten in der Hand zerdrücken, zugeben und weitere 30 Minuten köcheln lassen, bis alles praktisch verkocht ist. Petersilie und Kreuzkümmel zugeben, mit Salz und Pfeffer abschmecken. Das Gemüse sollte nun genügend Flüssigkeit haben, um weitere 5 Minuten auf dem Feuer zu köcheln.

Mit dem Löffel zwölf kleine Mulden bilden. Jeweils 1 Wachtelei aufschlagen und in eine der Mulden gleiten lassen. Bei kleinem Feuer nachgaren lassen, bis die Eier knapp gar sind. Mit Petersilie oder Korianderblättern dekorieren. Dazu passt über dem Feuer gewärmtes Pitabrot.

VARIANTEN Anstelle der frischen Tomaten kann eine große Dose geschälte Tomaten verwendet werden. Soll die Shakshuka noch cremiger werden, können zu Beginn 2 Esslöffel Tomatenmark beigegeben werden. Zusätzlich können andere Gemüse wie Auberginen, Zucchini oder gekochte Kartoffeln verwendet werden. Und anstelle von Wachteleiern kann man natürlich auch Hühnereier nehmen.

BOHNENKRAUT-KARTÖFFELCHEN

Einfach, aber feurig gut! Die kleinen Kartoffeln aus der Pfanne oder dem Wok passen zu jeder Jahreszeit zu allem und sind schnell gemacht. Kräuter und Zitrusschalen sind die wenigen Zutaten.

800 g kleine festkochende Kartoffeln
Salz
1 Schuss Olivenöl
1 Bund Bohnenkraut
1 unbehandelte Zitrone
Salzflocken
10 g Butter

Feuerkochutensilien
Eisenpfanne oder Wok
Kochlöffel
Messer

Feuerreife
Schwache Glut

Vorbereitung
Am besten gelingen die Kartöffelchen, wenn sie zuerst in Salzwasser gekocht werden. Dabei darauf achten, dass sie nur knapp gar sind (Messerprobe).

Wenig Olivenöl in die Pfanne oder den Wok geben, die Kartoffeln hineingeben und die Hälfte der Kräuter grob darüberzupfen. Alles unter ständigem Rühren leicht anbraten, bis die Kartoffeln innen ganz heiß sind.

Die Zitronenschale ohne die bittere weiße Schicht mit einem Messer dünn abschälen und zu den Kartoffeln geben. Die Kartoffeln salzen und langsam weiterbraten, bis sie schön hellbraun sind. Kurz vor dem Servieren die restlichen Kräuter und die Butter dazugeben, den Zitronensaft darüberpressen und nochmals wenden.

VARIANTEN Diese Kartöffelchen lassen sich in unzähligen Varianten zubereiten. Ebenfalls geeignete Kräuter sind zum Beispiel Majoran, Oregano, Salbei oder Rosmarin. Anstelle von Zitrone passen auch unbehandelte Orange oder Limette bestens.

ALPENFEUER – EIN BRAUCH ZUR STÄRKUNG DER FREUNDSCHAFT

In Galizien gibt es einen Feuerbrauch, der dazu dient, das Böse zu vertreiben und die Freundschaft zu stärken. Davon inspiriert, entzünden wir unser »Alpenfeuer« mit einem Grappa aus den Alpen. Im Gegensatz zu unseren anderen Feuergerichten brennt das Feuer hier im Inneren des Topfes. Wenn es dunkel ist, leuchten die blauen Flammen besonders eindrucksvoll. Dieser Trunk eignet sich nicht für Kleinmengen. Entsprechend sind die Zutaten für 10 Personen berechnet.

Für 10 Personen
1 unbehandelte Zitrone
1 unbehandelte Orange
1 l Grappa (mindestens 43 Volumenprozent)
6 EL Rohrohrzucker
10 Kaffeebohnen

Feuerkochutensilien
Sparschäler
feuerbeständiges Gefäß
Esslöffel
Schöpfkelle
Messer
feuerfeste Gläser

Die Schale der Zitrone und der Orange mit dem Sparschäler dünn und möglichst in einer zusammenhängenden Spirale abschälen. Den Grappa mit allen Zutaten in ein feuerbeständiges Gefäß geben und den Zucker durch Umrühren auflösen.

Wenig der Flüssigkeit in die Schöpfkelle geben und anzünden. Nach und nach das Feuer in der Kelle vorsichtig in die restliche Flüssigkeit tauchen, um das »Alpenfeuer« zu entfachen. Die brennende Flüssigkeit mit der Schöpfkelle immer wieder von oben in das Gefäß herunterlaufen lassen, bis die Flüssigkeit um die Hälfte reduziert ist.

Zum Schluss etwas von der noch brennenden Flüssigkeit in feuerfeste Gläser schöpfen und auf die Freundschaft anstoßen.

FEUERKOCHEN IM KRÄUTER-GARTEN

CAMELLIA

hortus herbarius

Es ist Hochsommer. Unser Kräutergarten überbordet wild und ist auf seinem Höhepunkt. Er dient uns als lebendiger Geschmackslieferant für unsere Küche und für unsere Gewürzkurse, ist aber auch Oase, Energiequelle und Inspiration für neue Kreationen. In der Mauer eingelassen ist eine kleine Feuerstelle. Nichts Besonderes. Aber gut geeignet, um jederzeit ein Feuer anzuzünden und darauf zu kochen.

PIMIENTOS DE PADRÓN

Pimientos sind als Tapas heiß geliebt. Sie werden ursprünglich in der Region von Padrón in Spanien angebaut, daher der Name. Es ist eine *Capsicum*-Art, also eine Chili, die unreif geerntet wird. Waren früher noch ein paar scharfe Ausreißer darunter, sind die heute erhältlichen Pimientos meist mild. Einfach und schnell zubereitet, ergeben sie eine gesunde Vorspeise. Am besten werden sie frisch zubereitet direkt von Hand aus der Pfanne gegessen.

4 EL Olivenöl
200 g Pimientos
Salzflocken

Feuerkochutensilien
Eisenpfanne
Esslöffel

Feuerreife
Rotglut bis schwache Glut

Das Olivenöl in einer schweren Eisenpfanne bis zum Rauchpunkt erhitzen. Die Pfanne kann direkt auf die Glut gestellt werden. Die Schoten hineingeben (Vorsicht, das Öl ist sehr heiß und kann spritzen) und mit einem Löffel wenden. Die Haut der Schoten soll möglichst schnell Blasen werfen; so sind sie in etwa 2 Minuten gar. Unbedingt darauf achten, dass die Außenhaut nicht verbrennt, die Pimientos werden sonst bitter. Idealerweise sollen die Schoten innen grün bleiben und außen geschmort sein. Mit Salzflocken bestreuen und sofort aus der Pfanne genießen.

LAUWARMER SCHMORTOMATEN-SALAT

Tomaten sind göttlich, besonders wenn sie vollreif, frisch und in Bioqualität sind. Nicht von ungefähr nennen sie die Österreicher Paradeiser und die Italiener Pomodoro, was so viel wie »goldener Apfel« heißt. Langsam auf dem Feuer angeschmort, entwickeln sie einen intensiven, süßen Geschmack. Als lauwarmer Schmortomatensalat ein unerwarteter, paradiesischer Genuss.

4 an der Pflanze gereifte Tomaten
4 EL bestes Olivenöl
Salzflocken

Feuerkochutensilien
Grillrost
Grillzange
Messer

Feuerreife
Schwache Glut

Die Tomaten auf dem Grillrost oder direkt auf dem Feuer nur kurz anschmoren, bis die Schale zu platzen beginnt und ein wenig Saft in kleinen Blasen austritt. Dies genügt schon, um den Tomaten eine zusätzliche Geschmacksdimension zu verleihen. Lauwarm abkühlen lassen, aufschneiden und mit Olivenöl und Salzflocken toppen. Wann immer möglich mit den Fingern essen – ein sommerlicher Hochgenuss!

VARIANTEN Besonders schön ist es, verschiedenfarbige Tomatensorten zu kombinieren.

Im Iran und in anderen orientalischen Regionen werden die Tomaten als Beilage auf dem Feuer zubereitet. Sie werden auf einen breiten Spieß gesteckt und von allen Seiten langsam bei kleinster Glut gebraten, bis sie fast schwarz und angetrocknet sind. Der breite Spieß ermöglicht, dass sich die innen weichen Tomaten trotzdem über dem Feuer drehen lassen.

WEISSES TOMATEN-SÜPPCHEN MIT HANF

Suppen gelten gemeinhin als einfaches Gericht. Zum Feuerkochen sind sie jedoch relativ aufwendig, da sie viel Koch- und Essgeschirr verlangen. Suppen gehören deshalb nicht zu den einfachsten Feuergerichten. Trotzdem sind sie jede Mühe wert und passen in irgendeiner Form in jede Jahreszeit.

1 kleine Zwiebel
1 Knoblauchzehe
2 EL Olivenöl
500 g weiße Tomaten
100 ml Weißwein
¼ l Gemüsebrühe
100 ml Vollrahm (Sahne)
1 TL Zucker
Salz, Pfeffer aus der Mühle
10 g Butter
1 Schuss Hanföl
1 Handvoll geschälte Hanfsamen
Hanfblätter zum Garnieren, nach Belieben

Feuerkochutensilien
Messer
Schneidebrett
Kochtopf
Esslöffel
Grillzange
Feuerhandschuhe
Schöpfkelle
Einmachgläser

Feuerreife
Rotglut

Die Zwiebel und den Knoblauch klein schneiden und im Olivenöl glasig dünsten. Die Tomaten kurz direkt auf der Glut anschmoren, schälen und dazugeben, einige Minuten mitdünsten. Mit dem Weißwein und der Gemüsebrühe ablöschen und die Suppe 30 Minuten köcheln lassen, bis die Tomaten total verkocht sind.

Den Rahm dazugeben und aufkochen lassen. Mit Zucker, Salz und Pfeffer abschmecken und mit der Butter luftig rühren. In Einmachgläsern servieren und mit einem kleinen Schuss Hanföl, den Hanfsamen und nach Belieben Hanfblättern garnieren.

VARIANTEN Anstelle von weißen Tomaten andere Tomatensorten wählen.

Hanfsamen ergeben auf der Zunge eine interessante Abwechslung, können aber gut weggelassen werden.

Fein aufgemixt und durch ein Sieb passiert, kann man dieses weiße Tomatensüppchen als edle Variante gut auch zu festlichen Anlässen servieren.

SO GEHT ES NOCH EINFACHER Der Kochtopf kann auf einer Dreipunktauflage aus Steinen über das Feuer oder auch direkt in die Glut gestellt werden. Alle Zutaten können ohne Schneidebrett von Hand direkt in den Kochtopf geschnitten werden.

GEMÜSEBRÜHE

In unserer Küche haben industriell hergestellte Suppenwürfel oder Suppenpulver nichts verloren. Diese Industrieprodukte bestehen zum Großteil aus Glutamat und Salz und haben kaum etwas mit frischen natürlichen Zutaten zu tun. Dies sind Gründe genug, die Mühe nicht zu scheuen, Brühen immer selbst zu kochen. Idealerweise können hier außerdem Reste vom Putzen und Schälen des Gemüses sinnvoll verwendet werden.

1 Zwiebel
1 Lauchstange
½ Sellerieknolle
2 Karotten
ein paar Wirzblätter (Wirsing)
1 kleines Bund Petersilie mit Stängeln oder andere frische Gemüseabfälle
etwas Olivenöl
1 Handvoll Korianderkörner
1 TL schwarze Pfefferkörner
1 Lorbeerblatt
2 l Wasser
Salz

Feuerkochutensilien
Messer
Schneidebrett
Kochtopf
Schöpfkelle
Sieb

Feuerreife
Rotglut/schwache Glut

Die Zwiebel und das Gemüse klein schneiden und im Kochtopf in wenig Olivenöl anrösten. Das Gemüse darf dabei nicht verbrennen.
Die Koriander- und Pfefferkörner sowie das Lorbeerblatt beigeben und kurz mitrösten. Mit dem Wasser ablöschen, salzen und zugedeckt bei kleinem Feuer etwa 1 Stunde vor sich hinköcheln lassen. Die Brühe ist nun fertig und kann abgesiebt für andere Gerichte wie zum Beispiel Suppen oder Risotti verwendet werden. Auch pur ein gesunder Genuss.

SO GEHT ES NOCH EINFACHER Statt Gemüse oder Gemüseabfälle klein zu schneiden und anzurösten, können alle Zutaten einschließlich Wasser in den Topf gegeben und zugedeckt gekocht werden. Dadurch werden zwar nicht alle Geschmacksnuancen herausgeholt, es ist aber für viele Verwendungen völlig ausreichend. Auch auf ein Sieb kann man in den meisten Fällen verzichten; kleine Gemüsestücke stören nicht, sondern sind ein glücklicher Fund.

SCHIEBEEI MIT KRÄUTERN

Grundsätzlich sollten Lebensmittel möglichst ursprünglich und unverarbeitet gegessen werden. Gut eignen sich frische Kräuter aus dem Garten in Salaten oder in Omeletten. Die Kräuter bleiben dabei nahezu ursprünglich und verlieren nichts von ihren Inhaltsstoffen. Eier ergeben zusammen mit Wildkräutern auch ein schnelles improvisiertes Feuergericht unterwegs. Zum Garnieren eignen sich essbare Blüten, die es je nach Saison überall zu pflücken gibt. Beim Wildpflücken versteht es sich von selbst, dass nur eindeutig identifizierte Pflanzen verwendet werden.

Frische Kräuter (z. B. Blutampfer, Liebstöckel, Bärlauch, Sauerampfer, Pfefferminze, Thymian, Schnittlauch, Gundelrebe, Schafgarbe, Spitzwegerich, Brennnesseln oder andere mehr)
1 kleine Zwiebel
1 Peperoncino
1 EL Butter
8 Eier (Bioqualität)
Salz, schwarzer Pfeffer aus der Mühle
essbare Blüten (z. B. Kapuziner-, Flieder-, Schnittlauch-, Brennnesselblüten)

Feuerkochutensilien
Messer
Schneidebrett
Eisenpfanne
Gummischaber

Feuerreife
Schwache Glut

Die Kräuter von holzigen Teilen befreien und nach Belieben fein schneiden oder zerzupfen; beiseitestellen. Die Zwiebel und den Peperoncino klein schneiden.

Eine Pfanne direkt auf die Glut stellen. Die Butter hineingeben und Zwiebel und Peperoncino darin anschwitzen. Die Eier direkt in die Pfanne aufschlagen und mit dem Gummischaber leicht zusammenschieben (daher verwenden wir die Bezeichnung »Schiebeei« statt Rührei). Das Eigelb sollte dabei zerlaufen. Salzen. Die Eimasse fortwährend von außen nach innen legen, bis sie leicht zu stocken beginnt. Die Kräuter zugeben und die Masse weiter zusammenschieben, bis nur noch wenig Flüssigkeit vorhanden ist.

Die Pfanne rechtzeitig vom Feuer nehmen (Achtung: Das Ei gart in der Pfanne nach!). Kurz ruhen lassen, dann die Blüten darüberstreuen. Das Ei wenn möglich direkt aus der Pfanne essen. Um zu vermeiden, dass der Pfeffer das Ei beim Rühren leicht bräunlich färbt, kann auch erst am Schluss gepfeffert werden.

MAROKKANISCHE TANGIA

In Marokko ist traditionell der Feuermeister des Hammams für dieses Gericht zuständig. Er stellt die gefüllten Terrakottavasen der verschiedenen Familien (sowohl die Vasen wie auch das Gericht heißen »Tangia«) in die richtige Hitzezone des heißen Ascheberges im riesigen Ofen, der sich in den Kellergewölben des Hammams befindet. Damit die Tangias nicht verwechselt werden, wird auf den papierenen Verschluss der Familienname geschrieben. Am nächsten Tag kann die fertig gegarte Tangia abgeholt werden.

Für 1 Tangia für 4–8 Personen
3–5 kg Fleisch (Schaf, Kalb, Huhn) mit Knochen, in groben Stücken
20 Knoblauchzehen, grob geschnitten
1 TL Kreuzkümmelsamen, frisch gemörsert
1½ alte Salzzitronen, entkernt und fein gehackt (siehe 84)
½ g Safran (entspricht etwa 3 handelsüblichen Briefchen)
2 EL Smen (marokkanische Butter) oder Butter
150 ml Olivenöl
200 ml Wasser

Feuerkochutensilien
Tangia
Feuerhandschuhe
Schöpflöffel

Außerdem
Backpapier
Schnur

Feuerreife
Schwache Glut. Die Tangia wird am besten in die Ecke einer Feuerkochstelle gestellt und die schwache Glut etwas um die Tangia angehäuft. Die Vase braucht dabei nicht vollständig bedeckt zu werden, etwa 10 cm Gluthöhe genügen.
Dieses Gericht braucht viel Zeit. Zu heiße Glut kann es anbrennen lassen.

Alle Zutaten zusammen in die Tangia geben und gut durchschütteln. Salzen braucht man nicht, da in den Salzzitronen bereits genügend Salz enthalten ist. Die Öffnung mit Backpapier bedecken und mit Schnur zubinden; oben ins Backpapier kleine Löcher stechen.

Die Tangia in die niedere Glut stellen. Wenn der erste Wasserdampf aus den Löchern aufsteigt, die Hitze reduzieren, bis der Dampf fast verschwindet. Dies ist dann die richtige Schmortemperatur, die es über die ganze Zeit zu halten gilt. Das Gericht etwa 4 Stunden in der Asche schmoren lassen (für die Variante mit Huhn genügen 2 Stunden). Die fertige Tangia in Teller schöpfen und heiß von Hand mit Fladenbrot essen.

Tangia ist ein typisches Schmorgericht. Durch kleine Hitze und lange Schmorzeit verbinden sich die Aromen im abgeschlossenen Inneren der Vase. Dabei entstehen neue Geschmacksnoten, die wesentlich komplexer sind als die Summe der einzelnen Zutaten. Am allerbesten wird das Gericht, wenn die Vase zu zwei Dritteln gefüllt wird. Deshalb die entsprechende Mengenangabe im Rezept.

VARIANTEN Dieses Gericht kann mit praktisch allen Fleischsorten oder als vegane Variante auch nur mit Gemüse zubereitet werden. Statt Fladenbrot passt auch Couscous oder Reis als Beilage.

SO GEHT ES NOCH EINFACHER Wer keine Tangia hat, kann das Gericht auch in einem Topf mit Deckel auf kleinstem Feuer kochen. Fertige Salzzitronen gibt es als Beldi-Zitronen in Gläsern im orientalischen Lebensmittelgeschäft zu kaufen.

SALZZITRONEN

Salzzitronen sind ein wunderbarer Begleiter zu Feuergerichten. Sie sind ein außerordentlich charakterstarkes Gewürz der nordafrikanischen Küche und werden hauptsächlich in Marokko verwendet. Seit Jahrhunderten werden hier Zitrusfrüchte auf diese Art fermentiert und haltbar gemacht. Die Säure bildet sich zurück, und das zunächst wässrige Fruchtfleisch erhält eine cremeartige Konsistenz. Dabei entwickeln sich ganz langsam unvergleichlich intensive Aromen. Der volle Geschmack ist ab etwa einem Jahr Lagerung erreicht und wird mit zunehmendem Alter noch komplexer.

Für ein großes Glas
Ca. 3 kg unbehandelte Zitronen bester Qualität
1 kg Salz
kochend heißes Wasser

Außerdem
Messer
Esslöffel
ein großes Einmachglas

Die Zitronen lauwarm abwaschen. Den Stielansatz wegschneiden. Die Zitronen in der Mitte quer nicht ganz durchschneiden und an der Schnittstelle 1 Esslöffel Salz hineindrücken. Die Zitronen wieder zupressen und in das Einmachglas geben, bis das Glas ganz dicht gefüllt ist. Am Schluss die Zitronen mit der Hand, so fest es geht, ins Glas hinunterdrücken.

Das Glas mit kochend heißem Wasser auffüllen, bis die Früchte ganz bedeckt sind.
Zum Schluss noch 3 Esslöffel Salz daraufgeben.
Das Glas verschließen und mit Datum versehen.

In der anfänglichen Fermentationsphase jede Woche den Deckel kurz öffnen, um die entstehenden Gase entweichen zu lassen. Danach verschlossen etwa ein Jahr oder länger an einem dunklen Ort ziehen lassen.

Die Zitronen verfärben sich mit der Zeit langsam bräunlich. Beim Kauf auf dem lokalen Markt in Marokko lautet deshalb die Regel: »Je dunkler die Zitronen, desto besser der Geschmack.« Salzzitronen gibt es auch im Glas zu kaufen. Da diesen aber die Reifezeit fehlt und sie zum Haltbarmachen oft mit Zitronensäure versetzt sind, ist der Geschmack weit entfernt vom Original. Der Aufwand des Selbstherstellens lohnt sich auf jeden Fall. In Marokko werden dafür kleine süße Beldi-Zitronen verwendet. Da es diese Sorte bei uns kaum zu kaufen gibt, sind normale Zitronen ein guter Ersatz.

VERWENDUNG Salzzitronen eignen sich hervorragend zum Würzen und gleichzeitigen Salzen von orientalischen Gerichten. Sie sind eine klassische Zutat der marokkanischen Tajine oder Tangia (siehe Seite 82) oder zu Feuerauberginen (Seite 60). Sie schmecken, in feinste Stücke gehackt, auch auf einem feuergerösteten Butterbrot – ein ganz einfacher, herrlicher Genuss.

Zu beachten: Für die Entnahme der Zitronen aus dem Glas ist jeweils ein sauberer Löffel zu verwenden, um Verunreinigungen zu vermeiden. So halten sich die Salzzitronen auch nach dem Öffnen über viele Monate. Die geöffneten Gläser müssen, so wie man es auch in Marokko tut, nicht im Kühlschrank aufbewahrt werden.

SO MACHEN WIR ES Zum Einmachen der Salzzitronen wählen wir immer einen sonnigen, warmen Tag. Wir legen die Zitrusfrüchte in unserem Kräutergarten ein und konservieren damit auch unsere positive Stimmung bei der Herstellung. Sonne im Glas!

Es lohnt sich, mit einem großen Glas zu beginnen. Jedes Jahr setzen wir dann weitere Gläser an, um den Nachschub sicherzustellen. Ist die erste Fermentation abgeschlossen, stellen wir die Gläser in den dunklen Keller.

Wir haben neben Zitronen auch Limetten, Mandarinen und Orangen in Bioqualität eingesalzen und verwenden sie zu unseren Feuergerichten.

Sapori

NUSSWASSER

Juglans regia lautet der wissenschaftliche Name der Echten Walnuss oder Baumnuss. Aus ihren Blättern wird Nusswasser hergestellt, ein vergessenes altes Getränk aus dem Alpenraum. Es ist absolut einfach in der Herstellung, herrlich im Geschmack und rundum gesund.

1 Bund frische Walnussblätter
2 l Wasser
Honig nach Belieben

Feuerkochutensilien
Kochtopf
Schöpfkelle

Feuerreife
Rotglut

Möglichst saubere Baumnussblätter pflücken und gut mit kaltem Wasser waschen. Das Wasser im Kochtopf aufkochen und die Blätter etwa 30 Sekunden darin schwenken. Die Aroma- und Gerbstoffe lösen sich, und es entsteht ein violettgrünlicher Tee. Er kann nach Belieben mit Honig gesüßt werden und wird warm oder kalt getrunken. Da Nusswasser auch heilende Wirkungen hat, sind für den durstlöschenden Genuss etwa 3 Tassen davon pro Tag ausreichend.

VARIANTE Die frischen im Sommer gepflückten Blätter können für die Verwendung im Winter auch getrocknet werden.

SO MACHEN WIR ES Treffen wir beim Feuerkochen auf einen Walnussbaum, kochen wir spontan Nusswasser als erfrischenden Begleiter zu unseren Feuerspeisen.

UMGEKEHRTE LINZERTORTE

Traditionelle Gerichte müssen nicht immer traditionell hergestellt werden. Es geht auch unkonventionell. Und dies ohne dabei an Geschmack einzubüßen, ganz im Gegenteil. Viele klassische Gerichte müssen zum Feuerkochen komplett umkomponiert werden. So auch diese Linzertorte. Statt der klassischen Zubereitungsmethode haben wir das Kuchenblech weggelassen und den Teig auf einen Stein gesetzt.

Für den Teig
2 EL weiche Butter
2 gehäufte EL Zucker
1 Prise Salz
1 Wachtelei
¼ TL gemahlener Zimt
1 Prise gemahlene Gewürznelken
¼ unbehandelte Zitrone
2 gehäufte EL gemahlene Haselnüsse
2 gehäufte EL Mehl

Für die Konfitüre
2 Handvoll Himbeeren
4 EL Zucker
etwas Zitronensaft

Feuerkochutensilien
Schüssel
Löffel
Messer
Kochtopf
flache Kieselsteine
Feuerhandschuhe
Teller

Feuerreife
Rotglut/schwache Glut

Die Butter und den Zucker miteinander verrühren, bis eine cremige Masse entsteht. Salz, Ei und Gewürze beigeben. Mit dem Messer etwas Zitronenschale abschaben und ebenfalls zugeben. Rühren, bis die Masse heller wird. Die Nüsse und das Mehl hinzufügen und alles zu einem Teig zusammenrühren. Den Teig etwa 30 Minuten kühl stellen.

In der Zwischenzeit aus den Himbeeren und dem Zucker eine Konfitüre kochen, mit Zitronensaft abschmecken und abkühlen lassen.

Den fertigen Teig in Röllchen auf flache Steine legen, etwas andrücken und direkt am Feuer backen. Die Backhitze kann durch den Abstand der Steine zum Feuer und das Drehen der Steine reguliert werden. Der Teig muss von allen Seiten durchgebacken sein und eine schöne Farbe haben.

Die lauwarme Konfitüre auf einen Teller geben und mit dem fertigen Gebäck belegen. Fast wie das Original, nur Beeren unten und Teig oben, dafür tausendmal besser. Das ist Umgekehrte Linzertorte.

SO GEHT ES NOCH EINFACHER Da der Teig ruhen muss, ist es von Vorteil, ihn vorher zu Hause herzustellen und ihn dann nur noch am Feuer zu backen.

FEUERKOCHEN
IN DER
BERGHÜTTE

Das typische Essen auf der Alp ist nahrhaft und dient in erster Linie dazu, die Kraftreserven für die harte körperliche Arbeit aufzufüllen. Das gemeinsame Essen ist der Lohn für die Arbeit des Tages, die Zubereitung erfolgt mit Andacht und Respekt vor den Lebensmitteln.

In der Höhe ist es immer etwas kühler. Hier finden sich knorrige Wacholderbüsche, Bergthymian und langsam gewachsener Spitzwegerich. Die klare Luft lässt die Düfte intensiver werden, die weite Sicht erweitert den Horizont. Am Berg sind traditionelle Alpengerichte angesagt.
Im Alpengebiet wurde seit jeher und wird auch heute noch häufig auf dem Feuer gekocht, da auf abgelegenen Alphütten oft kein Strom vorhanden ist. Die Gerichte der Alpenküche sind immer sehr einfach. Alle Zutaten außer Milchprodukte und Eier müssen auf langen Wegen vom Tal heraufgebracht werden und müssen daher gut lagerfähig sein. Gekocht wird über dem offenen Feuer oder in der Lochpfanne auf dem Holzofen. Beliebte Zutaten für Alpengerichte sind beispielsweise Käse, Rahm, Butter, Milch, Eier, Brot, Mehl, Dörrfrüchte, Beeren, Trockenfleisch und Alpenkräuter.

EINFACHER KÄSE MIT ZITRONENSAFT

Käse ist ein Produkt, das in erster Linie zur langen Haltbarmachung von Milch diente. Milch ist im Sommer dank der saftigen Wiesen im Überfluss vorhanden und wird durch den Käsereiprozess in eine Form gebracht, die im Winter als reichhaltige Nahrung zur Verfügung steht. Im Laufe der Zeit haben sich viele Techniken zur Herstellung von Käse entwickelt, zum Teil auch sehr aufwendige und mehrstufige. Beim Käsen werden Fett und Eiweiß vom wässrigen Teil getrennt und damit die Milch auf die nahrhaftesten Bestandteile reduziert. Frischkäse lässt sich mit einfachsten Methoden herstellen. Wir lassen die Milch anstelle von Milchsäurebakterien einfach durch die Säure von Zitronensaft gerinnen.

1 l Vollmilch
4 Zitronen
Salz

Feuerkochutensilien
Kochtopf
Löffel
Messer
Schüssel
Küchentuch

Feuerreife
Rotglut

Die Milch in den Topf geben und unter Umrühren auf etwa 40 Grad erwärmen. 40 Grad sind erreicht, wenn sich die Milch am Finger leicht warm anfühlt. Mit den Händen den Zitronensaft durch die Finger als Sieb in eine Schüssel pressen; eventuell durchgerutschte Kerne entfernen. Den Zitronensaft zu der Milch geben, vorsichtig und möglichst wenig umrühren und kurze Zeit stehen lassen. Dabei gerinnt die Milch und sieht dann flockig aus.

Die geronnene Käsemasse leicht salzen, auf ein sauberes Tuch geben und abtropfen lassen. Zum Schluss das Tuch gut auswringen und die restliche Molke von Hand auspressen. Fertig ist der Frischkäse.

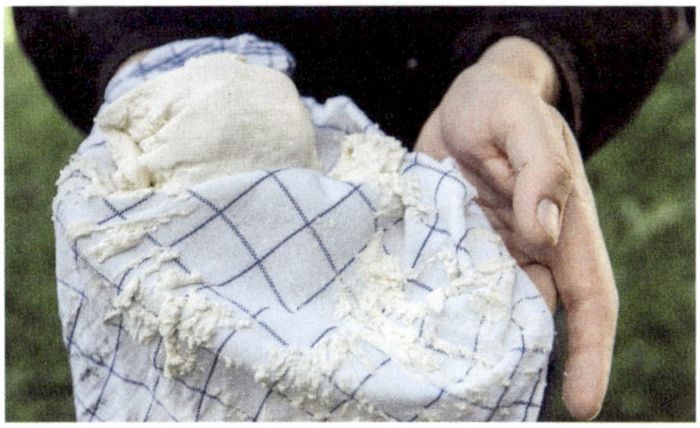

monika di muro

chris

WEGERICHBROT MIT ZITRONENFRISCHKÄSE

Frischkäse pur ist gut. Besser ist er aber in Begleitung von weiteren Zutaten. Der, wie auf Seite 96 beschrieben, mit Zitronensaft hergestellte Frischkäse hat schon eine frische, säuerliche Note. Diese gilt es nun auszubauen und den krümeligen Käse in eine einfache essbare Form zu bringen.

4 Scheiben Brot
Olivenöl
8 EL Frischkäse
Kräuter je nach Fund und Vorliebe (z. B. Spitzwegerich), klein geschnitten
1 Peperoncino, nach Belieben
1 unbehandelte Zitrone, abgeriebene Schale, nach Belieben
Salz, schwarzer Pfeffer aus der Mühle

Feuerkochutensilien
Messer
Schneidebrett
Grillzange
Grillrost
Esslöffel

Feuerreife
Rotglut/schwache Glut: Bei Rotglut ist das Brot nur kurz und mit angemessener Distanz zur Glut zu rösten. Sonst verbrennt es und schmeckt bitter. Schwache Glut eignet sich besser zum duftigen Knusprigrösten, da dem Brot genügend Zeit auf dem Feuer zur Erwärmung gegeben wird.

Das Brot grob in etwa 2 cm dicke Scheiben schneiden und von beiden Seiten auf kleiner Glut gut anrösten.

Das geröstete Brot mit Olivenöl beträufeln und mit dem Frischkäse und den geschnittenen Kräutern belegen. Nach Belieben Peperoncino und abgeriebene Zitronenschale dazugeben. Salzen. Und frisch gemahlener schwarzer Pfeffer gehört einfach dazu.

BAGNA CAUDA

»Bagna cauda« heißt im Piemonteser Dialekt so viel wie »warmes Bad«. Warm gebadet werden dabei verschiedene Gemüse in eingekochter Milch. Wir verstehen dieses Gericht ausdrücklich nicht, wie es oft geschieht, als eine Fonduevariante, sondern als eine Art warme Salatsauce.

1 l Vollmilch
10 Sardellenfilets in Öl
10 Knoblauchzehen
Gemüse nach Belieben (z. B. Karotten, Randen/Rote Bete, Kohlrabi, Bierrettich, Stangensellerie, Mangold)
100 ml kaltgepresstes Olivenöl
5 EL Weinessig
frisch geriebene Muskatnuss, nach Belieben
Salz, schwarzer Pfeffer aus der Mühle

Feuerkochutensilien
Kochtopf
Messer
Schneidebrett
Schüssel
Schneebesen
kleine Holzspieße oder 4 Gabeln

Feuerreife
Schwache Glut. Sobald die Milch kocht, auf kleinster Glut leicht köcheln lassen. Achtung: Die Milch brennt leicht an!

Interessant ist die Verwendung von Sardellen als Würzmittel. Sardellen-Skeptikern sei versichert, dass am Ende kein Fischgeschmack mehr zu erschmecken ist. Die Sardellen verwandeln die Milch in eine Delikatesse, indem sie einen wunderbaren Umamigeschmack entwickeln. Gerade durch die Sardellen wird die Sauce vollmundig und wohlschmeckend. Dieses Gericht erlaubt einen ungewöhnlichen, neuen Zugang zu verschiedenen Gemüsesorten. Werden sonst für Salate Gemüse oft klein geschnitten und damit im Biss verändert, verwenden wir für die Bagna cauda eher größere Gemüsestücke. Ganz unerwartet wird so der erste Biss in ein Stück roher Rande (Rote Bete) zum Erlebnis.

Die Milch mit den Sardellen und dem Knoblauch in den Topf geben und auf sehr schwacher Glut etwa 45 Minuten offen einkochen. Die Milch kocht dabei zu einer cremeartigen Konsistenz ein, der Knoblauch und die Sardellen verkochen vollständig.

In der Zwischenzeit das Gemüse in mundgerechte Portionen schneiden.

Olivenöl und Essig zur Bagna cauda geben. Mit dem Schneebesen zu einer cremigen Konsistenz aufschlagen. Mit Muskatnuss, Salz und Pfeffer abschmecken.

Das Gemüse aufspießen und in das warme Bad eintauchen. Alternativ die heiße Sauce über das Gemüse geben und anrichten.

SO GEHT ES NOCH EINFACHER Anstelle der Verwendung von Holzspießen und Gabeln schneiden wir das Gemüse in längliche Stücke und tauchen es von Hand in die Sauce.

VARIANTEN Die Bagna cauda eignet sich auch ausgezeichnet als Sauce zu Feuerkartoffeln oder zu Pasta.

Vegetarier oder absolute Sardellen-Verweigerer können diese einfach ersatzlos weglassen.

VOGELHEU MIT APFELSCHNITZEN

Altes Brot ist in den Bergen die Regel, frisches die Ausnahme. Deshalb hier ein Gericht mit Brotresten, das zu Großmutters Zeiten ein traditionelles Schweizer Abendessen war. Früher wurde eine Mischung aus verschiedenen, oft wild wachsenden Samen als »Vogelheu« bezeichnet und diente zum Füttern von Stubenvögeln und Tauben. Auf das Gericht übertragen, drückte es die Geringschätzung gegenüber dieser Speise aus – ganz zu Unrecht.

Die Zutaten dafür hat man fast immer im Haus, es ist schnell gemacht und schmeckt allen.

4 säuerliche Äpfel (z. B. Boskoop oder Braeburn)
1 EL Zucker
Zitronensaft
dunkles Brot vom Vortag
4 Eier
4 EL Milch
Salz
Öl oder ein anderes Fett sowie Butter zum Braten

Feuerkochutensilien
Messer
Schneidebrett
Schüssel
Eisenpfanne oder flacher Wok
Bratwender

Feuerreife
Rotglut/schwache Glut

Die Äpfel in dünne Schnitze schneiden und zusammen mit dem Zucker in Fett anbraten, bis sie etwas karamellisiert sind. Mit Zitronensaft leicht beträufeln und beiseitestellen.

Das Brot in unregelmäßige, dünne, nicht allzu kleine Schnitze schneiden und in der Pfanne oder im Wok in etwas Butter knusprig braten.

Die Eier und die Milch vermischen, zum Brot geben und salzen. Ständig mit dem Bratwender rühren und weiterbraten, bis das Brot die Eiermasse aufgesogen hat und wieder knusprig zu werden beginnt. Die Äpfel dazugeben und alles nochmals mischen.

VARIANTEN Als salziges Gericht kann man Schinken hinzufügen. Nach dem Anbraten des Brotes in feine Streifen geschnittenen Schinken hinzufügen und mitbraten. Eier und Milch zusätzlich mit etwas Schnittlauch vermischen und zum Brot geben. Mit Salz und Pfeffer würzen.

ROSENKÜCHLEIN

Rosenküchlein wurden im süddeutschen Alpengebiet seit jeher zu besonderen Anlässen gebacken. Kam unerwartet Besuch und war kein Kuchen vorbereitet, wurde mit dem Roseneisen kurzerhand mit wenig Aufwand ein prachtvolles Gebäck gezaubert. Erhielt eine Braut früher ein Roseneisen geschenkt, war dies ein Zeichen dafür, dass ihre künftige Schwiegermutter kein allzu großes Vertrauen in ihre Koch- und Backkünste hatte. Zur Herstellung der Küchlein wird das Roseneisen zur Hälfte in den Teig getaucht und dann in Fett ausgebacken. Im heißen Fett »blüht« der Teig ähnlich einer Rose wunderschön auf. Puderzucker verleiht dem zart knusprigen Gebäck besonderen Zauber.

300 g Mehl
5 Eier
250 ml Milch
2 EL Zucker
1 TL Salz
Kokosfett zum Ausbacken
Puderzucker zum Bestreuen

Feuerkochutensilien
Schüssel
Schneebesen
Kochtopf
Thermometer für Flüssigkeiten
Roseneisen
Esslöffel
Küchenpapier

Feuerreife
Rotglut

Alle Zutaten in einer Schüssel mit dem Schneebesen zu einem glatten, etwas zähflüssigen Teig verrühren. Den Teig wenn möglich etwa eine halbe Stunde ruhen lassen.

Reichlich Fett im Topf erhitzen. Wenn ein Probetropfen Teig im Fett Blasen bildet und hellbraun backt, hat das Fett die richtige Temperatur. Alternativ zeigen auch kleine Blasen um den eingetauchten Stiel eines Holzlöffels die richtige Temperatur von etwa 170 Grad an. Ausnahmsweise empfiehlt sich hier der Einsatz eines Thermometers, damit das Fett nicht überhitzt.

Nun muss zuerst das Eisen auf Temperatur gebracht werden, indem man es kurz ohne Teig ganz ins heiße Fett taucht. Danach taucht man es bis zur Hälfte in den Teig und gleich wieder zurück ins heiße Fett. Jetzt sollte der Teig aufgehen und sich beim Ausbacken vom Roseneisen lösen. Ist das Fett nicht heiß genug, bildet sich keine Kruste und der Teig saugt sich mit Fett voll. Sind die Küchlein schön aufgegangen und goldbraun, legt man sie zum Abtropfen auf ein Küchenpapier. Ein Löffel hilft beim Abstreifen vom Eisen. Zum Schluss mit Puderzucker bestäuben und genießen.

SO MACHEN WIR ES Anstelle eines Roseneisens kann man nur mithilfe eines Esslöffel die Zipfelmützen im nächsten Rezept herstellen.

ZIPFELMÜTZEN

Alte Roseneisen sind rar, und neu gekauften fehlt die Geschichte. Auch ist es nicht immer ganz einfach, die fertig gebackenen Küchlein vom Roseneisen zu lösen. Im Streben nach dem Einfachen haben wir das Roseneisen durch einen simplen Esslöffel ersetzt; entstanden sind dabei diese Zipfelmützen. Das gemeinsame Backen ist ein großer Spaß.

300 g Mehl
5 Eier
250 ml Milch
2 EL Zucker
1 TL Salz
Kokosfett zum Ausbacken
Puderzucker zum Bestreuen

Feuerkochutensilien
Schüssel
Schneebesen
Kochtopf
Thermometer für Flüssigkeiten
Roseneisen
Esslöffel
Küchenpapier

Feuerreife
Rotglut

Rezept und Teig sind gleich wie bei den Rosenküchlein im vorangehenden Rezept. Anstelle des Roseneisens benutzen wir einen Esslöffel.

Der Esslöffel wird mit der Laffe in das heiße Fett (170 Grad) und anschließend bis zur Hälfte der Laffe in den Teig getaucht. Wird der Teig dann auf dem Löffel im Fett ausgebacken, entstehen die kleinen Zipfelmützchen.

TEE AUS ALPEN-KRÄUTERN UND QUELLWASSER

Kräutertees kennt man hauptsächlich getrocknet und aus dem Beutel. Der Bezug zur Herkunft der Kräuter geht dabei verloren. Unvergleichlich besser schmeckt ein lebendiger, energie- und erlebnisgeladener Tee aus frisch gesammelten Bergkräutern direkt vor Ort gekocht. Bergkulinarik in Höchstform. Aufgesetzt mit Quellwasser, gekocht auf dem Feuer und getrunken in der frischen Bergluft. Einfacher geht es nicht, aber das Erlebnis ist grandios.

Frisch gepflückte Alpenkräuter (wilder Thymian, Schafgarbe, Spitzwegerich, Brennnessel, Erdbeerblätter, Tannennadeln, Frauenmantel, Storchschnabel, Gänseblümchen)
Quellwasser

Feuerkochutensilien
Kochtopf
Schöpfkelle

Feuerreife
Rotglut

Die Kräuter waschen und in einem Topf mit frischem Wasser auf das Feuer setzen. Kurz aufkochen lassen, den Topf vom Feuer nehmen und 2–3 Minuten ziehen lassen. Die Kräuter entfernen und den Tee heiß, warm oder kalt genießen.

VARIANTEN Anstelle einer Kräutermischung kann der Tee auch nur aus einer einzigen Pflanzensorte aufgegossen werden. Die jeweiligen Charakter- oder Heileigenschaften kommen dann besser zur Geltung als in einer Mischung. Nach Bedarf den Tee leicht mit Honig süßen.

HÜHNERBRÜHE

Huhn ist nicht gleich Huhn. Ein Suppenhuhn ist ein Huhn, das ausgewachsen ist, viele Eier gelegt und in seinem Leben etwas geleistet hat. Nur ein solches Huhn eignet sich für eine gute Brühe, je älter desto besser. Ein Brathähnchen ist nicht für Brühe geeignet, da sein Fleisch schon nach kurzer Kochdauer zerfällt und in dieser Zeit keinen Geschmack entwickeln kann. Das Kochen einer Hühnerbrühe ist auch für Feuerkochverhältnisse ziemlich zeitaufwendig. Man sollte es deshalb nur in Angriff nehmen, wenn man 3 Stunden Zeit aufbringen möchte. Neben dem außerordentlich vollmundigen Geschmack ist Hühnerbrühe auch äußerst gesund und wurde schon zu Urzeiten bei Erkältungen eingenommen.

1 Suppenhuhn
1 Zwiebel
1 Lauchstange
½ Sellerieknolle
2 Karotten
einige Wirzblätter (Wirsing)
1 kleines Bund Petersilie mit Stängeln oder andere frische Gemüseabfälle
1 Lorbeerblatt
1 Handvoll Korianderkörner
1 TL schwarze Pfefferkörner
Salz
2 l kaltes Wasser
etwas Olivenöl

Feuerkochutensilien
Grillzange
Messer
Schneidebrett
Kochtopf
Sieb
Schöpfkelle

Feuerreife
Rotglut/schwache Glut

Zunächst wird das Suppenhuhn zum Kochen vorbereitet. Im Gegensatz zum jungen Huhn besitzt ein altes Huhn haarartige Restfedern. Beim Feuerkochen können diese ganz einfach auf dem offenen Feuer abgeflämmt und das Huhn danach gewaschen werden.

Für eine schöne Röstfarbe der Suppe wird die Zwiebel quer halbiert und die Hälften auf dem Feuer angegrillt oder auf dem Boden des Suppentopfes sehr dunkel angeröstet. Interessanterweise erzeugen solche dunkel gerösteten Zwiebeln später in der Suppe keinen Geschmack nach Verbranntem.

Das Gemüse grob schneiden. Das Huhn mit dem Gemüse und den Kräutern und Gewürzen mit dem kalten Wasser im Topf aufsetzen und aufkochen lassen. Danach auf kleinem Feuer etwa 3 Stunden vor sich hin köcheln lassen, bis sich das Fleisch leicht von den Knochen ablösen lässt. Am besten lässt sich das feststellen, wenn sich ein Hühnerbein leicht abreißen lässt. Federt es zurück, muss man es weiterkochen. Bei Bedarf Wasser nachgießen.

Die fertige Hühnerbrühe absieben und für andere Gerichte wie etwa Suppen oder Risotti verwenden oder auch pur genießen.

VARIANTEN Hat man kein Gemüse zur Hand, kann eine einfache Hühnerbrühe auch ohne Gemüse gekocht werden.

Man kann die Brühe als Vorspeise oder für die Zubereitung von Risotto (Seite 142) verwenden und das Fleisch zum Hauptgang auf den Risotto geben.

SO MACHEN WIR ES Das Fleisch des frisch gekochten Suppenhuhns schmeckt am besten noch heiß mit etwas Salz bestreut und von Hand gegessen. Und weg ist es.

PULLED CHICKEN

Angesichts dessen, dass tonnenweise ausgediente Legehennen entsorgt werden, ist dieses Gericht mehr als sinnvoll. Auf den hippen Foodmärkten stehen die Menschen Schlange für Pulled Pork. Wir zupfen Suppenhuhn. Frisch nach dem Kochen häuten wir es und zupfen das Fleisch sorgfältig von den Knochen. Wird dieses Pulled Chicken auf dem Feuer in einer Pfanne angebraten, wird es delikat knusprig und verwandelt sich unerwartet in ein ganz andersartiges Gericht. Das knusprige Fleisch eignet sich hervorragend als Gaumenkitzler und Topping für einen Risotto oder für Pasta.

1 frisch gekochtes Suppenhuhn (siehe Seite 112)
Olivenöl oder Gänseschmalz
Salz

Feuerkochutensilien
Schüssel
Eisenpfanne
Suppenlöffel

Feuerreife
Rotglut/schwache Glut

Sobald es die Temperatur zulässt, wird das fertig gekochte, noch heiße Suppenhuhn gehäutet, das Fleisch von den Knochen gezupft und in eine Schüssel gelegt.

In einer Eisenpfanne das Fett erhitzen und das Hühnerfleisch langsam bei kleiner Hitze knusprig braten. Am Schluss mit wenig Salz abschmecken.

BRETZELI VOM FEUEREISEN

Bis weit ins 20. Jahrhundert wurden »Bretzeli« ausschließlich auf dem Feuereisen gebacken. Man findet die originalen Eisen noch in Gebrauchtwarenläden oder kann sie auch neu kaufen. Einfache aufklappbare Eisen werden zum Backen auf einen Gitterrost oder direkt auf das Feuer gelegt. Wir hatten das Glück, ein Eisen zu finden, das eine Drehvorrichtung hat und genau auf das Loch im Feuerofen der Alphütte passte.

125 g Butter
1 Prise Salz
125 g Zucker
2 Eier
½ unbehandelte Zitrone, abgeriebene Schale
1 EL Kirschwasser
250 g Mehl
Butter für die Form

Feuerkochutensilien
Schüssel
Kochlöffel
Bretzeleisen
Gitterrost

Feuerreife
Rotglut/schwache Glut. Die Schwierigkeit ist hier, die richtige Temperatur und die richtige Backdauer zu finden. Bis die perfekten »Bretzeli« gelingen, braucht es sicher ein paar Versuchsstücke. Schon bald aber hat man das richtige Gefühl dafür.

Die Butter weich rühren, Salz und Zucker unterrühren. Dann die Eier hinzufügen und weiter rühren, bis die Masse hell ist. Abgeriebene Zitronenschale, Kirsch und Mehl beifügen und untermischen. Zu einem Teig zusammenfügen und 1 Stunde kühl stellen.

Von dem Teig walnussgroße Portionen abnehmen und zu Kugeln formen. Das Bretzeleisen ausbuttern, jeweils eine Teigkugel hineingeben und hellbraun backen.

VARIANTEN Für die salzige Variante Käse oder Kümmel zum Teig geben und das Gebäck zum Aperitif genießen. Eine solche Spezialität sind zum Beispiel die Freiburger »Bricelets«.

HEIDELBEER-SCHMARRN

Seinen Ursprung hat dieses Rezept im Kaiserschmarrn. Passend zum Ort haben wir daraus einen Heidelbeerschmarrn kreiert. Statt der schweren Eisenpfanne verwenden wir dafür einen flachen Wok. Er stammt aus der Türkei und wird dort »Saç« genannt, das traditionelle Gericht entsprechend »Saç kavurma«. Der Saç wird auf eine Dreistein-auflage gestellt und bietet eine angenehm große Fläche zum Braten. Durch die große Oberfläche heizt der dünne flache Wok schneller auf als die Eisenpfanne. Weitere Vorteile sind die schnellere Verdunstung der Beerenflüssigkeit und das schnellere Abkühlen bei der Wegnahme vom Feuer ohne großes Nachgaren.

4 Eier
1 Prise Salz
100 ml Milch
120 g Weißmehl (Weizenmehl Type 405)
2 TL Honig
2 EL kohlensäurehaltiges Mineralwasser
200 g wilde Heidelbeeren
2 EL Zucker
3 EL Butter
Puderzucker zum Bestäuben

Feuerkochutensilien
2 Schüsseln
Schneebesen
Suppenlöffel
flacher Wok oder Eisenpfanne
3 flache Steine

Feuerreife
Schwache Glut. Die Schwierigkeit ist auch hier, die richtige Temperatur zu finden. Mit der Dreisteinauflage gelingt das gut, wenn man das Feuer auf sehr kleiner Stufe hält.

Eiweiß und Eigelb getrennt in zwei Schüsseln aufschlagen. Das Eiweiß mit 1 Prise Salz mit dem Schneebesen steif schlagen. Das Eigelb mit der Milch vermischen, Mehl, Honig und Mineralwasser zugeben und alles glatt vermengen.
Den Eischnee sorgfältig unterheben.
Die Heidelbeeren mit dem Zucker in der leeren Eiweißschüssel mischen und beiseitestellen.

Die Butter in den flachen Wok oder die Pfanne geben und über das Feuer stellen. Wenn sie geschmolzen ist und aufschäumt, den Teig in den Wok geben. Beginnt er fest zu werden, die Heidelbeeren darüber verteilen und den Schmarrn mit einem Suppenlöffel zerreißen. Weiterbacken, bis die Beeren zerplatzen. Mit Puderzucker bestreuen und warm genießen.

VARIANTEN Anstelle von wilden Heidelbeeren lassen sich viele andere Beeren und Früchte der Saison verwenden. Die Beeren oder Fruchtstücke sollten nicht allzu groß sein, damit sie durchgaren. Besonders geeignet sind Kulturheidelbeeren, Brombeeren, Aprikosen, Pfirsiche, Stachelbeeren, Zwetschgen und Pflaumen.

SO MACHEN WIR ES Wir lieben eine großzügige Menge Puderzucker. Weil das Gericht so unverschämt gut schmeckt, essen wir es meist direkt aus dem Wok – am besten gleich mit den Fingern.

FEUERKOCHEN AUF DEM SCHLOSS

Das Schloss thront hoch oben und ist schon von Weitem zu sehen. Fast verwunschen scheint es. Ihm zu Füßen liegt ein idyllisches Tessiner Dorf nahe Lugano. Oberhalb des Schlosses erstreckt sich ein grüner Esskastanienwald. Im Schlossgarten selbst wachsen von den Mauern geschützt große Büsche von Rosmarin und Salbei. Es ist Sommer.

Unsere Aufgabe war es, das Schloss zu beleben. So haben wir die vom Schloss aus sichtbaren Produzenten lokaler Köstlichkeiten eingeladen, mit uns zusammen ihre Produkte im Schlosshof zu verkochen: Schinken und Rindfleisch vom Bürgermeister, Gemüse von seiner Frau, Ziegenkäse vom Posthalter, Honig vom Pater, Fisch von einem der letzten Fischer vom Luganersee. Jeder brachte mit, was er hatte.

BROT MIT ROSMARINASCHE

Die Rosmarinbüsche im Schlossgarten sind riesig, viel größer als andernorts. Bricht man ein paar Zweige davon ab und hält sie über das Feuer, brennen sie lichterloh. Zurück bleibt ein Zweig mit Asche – herrlich duftende Asche zum Kochen. Hier ein weiteres Gericht mit Brot.

Einige Rosmarinzweige
4 Scheiben gutes Brot
1 Knoblauchzehe
Olivenöl
100 g Ziegenfrischkäse
Salzflocken, frisch gemahlener schwarzer Pfeffer

Feuerkochutensilien
Grillzange
Grillrost
Feuerhandschuhe
Esslöffel

Feuerreife
Feuer auf dem Höhepunkt für die Rosmarinasche. Schwache Glut für das Brot.

Die Rosmarinzweige vorsichtig kurz über das Feuer halten, bis sie Flammen fangen. Die Flammen auswedeln und die Zweige beiseitelegen.

Die Brotscheiben langsam über der kleinen Glut rösten. Die gerösteten Brotscheiben auf der Oberseite mit dem Knoblauch gut bis zum Rand einreiben, etwas Olivenöl darüberlöffeln und den Frischkäse großzügig darauf verteilen. Nochmals Olivenöl darüberträufeln, salzen und pfeffern. Die Asche von den Zweigen mit den Fingern über dem Käse verteilen. Sofort genießen.

SO MACHEN WIR ES Für dieses Gericht braucht man zwei verschiedene Feuerstärken. Hat man Zeit, wartet man nach dem Verbrennen des Zweiges, bis die Glut reif für das Rösten des Brotes ist. Kann oder will man nicht warten, kann das Brot auch bei großem Feuer geröstet werden. Dabei gilt es, einen großen Abstand zu halten, damit das Brot nicht verbrennt. Am einfachsten geht es natürlich mit zwei verschiedenen Feuerstellen.

CASTELLINI

Für den am nächsten Tag bevorstehenden Anlass brauchten wir noch einen schnellen Happen zum Aperitif. Wir kneteten einen Pizzateig und bedienten uns nochmals vom Rosmarinbusch im Schlossgarten. Der Name »Castellini« wurde während des Aperitifs zusammen mit den Gästen kreiert. Im Wald zubereitet, könnten sie vielleicht »Waldini« oder zu Ehren des Schlossherrn »Michelini« heißen.

250 g Mehl sowie Mehl zum Formen des Teigs
½ TL Salz
¼ Würfel frische Hefe (10 g)
150 ml warmes Wasser
1 EL Olivenöl
1 Prise Zucker
1 Rosmarinzweig, Nadeln abgezupft
Meersalz und Olivenöl zum Eintunken

Feuerkochutensilien
Schüssel
feuchtes Küchentuch
Grillzange
Grillrost
Feuerhandschuhe

Feuerreife
Schwache Glut

Mehl und Salz in eine Schüssel geben und eine kleine Mulde formen. Die Hefe mit den Fingern in die Mulde zerbröseln, das warme Wasser und das Olivenöl in die Mulde geben. Den Zucker darüberstreuen und die Hefe sich von selbst ein paar Minuten auflösen lassen. Dann die Flüssigkeit langsam einarbeiten und so lange kneten, bis ein geschmeidiger Teig entstanden ist. Den Teig mit einem feuchten Küchentuch abdecken, neben das Feuer legen und etwa 1 Stunde gehen lassen.

Die Finger mit Mehl bestäuben, vom Teig golfballgroße Stücke abreißen und zu flachen Fladen drücken. Die Rosmarinnadeln auf den Teig geben und die Fladen zuklappen.

Den Teig bei kleinem Feuer auf den Grillrost legen und backen, bis er unten schön braun ist. Umdrehen und fertig backen.

Die noch warmen Brötchen aufreißen, in Salz und Olivenöl tauchen. Etwas Besseres gibt es nicht.

VARIANTEN Eine unserer Lieblingsvarianten ist die Verwendung von Schafgarbenöl. Dazu wird frisch gehacktes Schafgarbenkraut in Olivenöl eingelegt, auf maximal 50 Grad erhitzt und 2 Stunden ziehen gelassen. Der Teig wird mit diesem Öl zubereitet und mit frischen Schafgarbenblättchen gefüllt. Getunkt wird das Brot ebenfalls in Schafgarbenöl.

AUF ESSKASTANIEN-BLÄTTERN GEDÄMPFTER ZANDER

Der Fischer vom Luganersee hat zwei große Zander mitgebracht. Das feste Fleisch dieses Raubfisches eignet sich bestens zum Dämpfen. Da die Äste der Esskastanienbäume bis zum Boden reichen, geht das Pflücken der saftgrünen Blätter als Unterlage zum Dämpfen ganz einfach.

400 g tagesfrischer Fisch
1 Schuss Grappa
Salzflocken
Traubensenf nach Belieben (siehe Seite 130)

Feuerkochutensilien
scharfes Messer
Schneidebrett
zugeschnittene Holzstäbchen
Dämpfsieb
ein paar frische Esskastanienblätter
Kochtopf mit Deckel

Feuerreife
Rotglut

Den Fisch filetieren. Die Filets mit einem scharfen Messer häuten und in etwa 6 cm lange und 3 cm breite Stücke schneiden. Die Fischstücke auf Holzstäbchen stecken. Das Dämpfsieb mit Blättern auslegen und die Fischstücke darauf verteilen.

Einen Topf mit Wasser zum Kochen bringen und das Dämpfsieb zugedeckt auf den Topf stellen. Etwa 3 Minuten dämpfen, bis der Fisch gar ist, aber noch nicht von den Stäbchen fällt. Die Fischstücke mit etwas Grappa beträufeln und leicht salzen. Dazu passt ein Tupfer Traubensenf.

SO MACHEN WIR ES Anstelle von Kastanienblättern nehmen wir Wacholderzweige als Dämpfunterlage und besprenkeln den Fisch mit Gin. Dazu reichen wir Brombeersenf. Wir nennen ihn Ginfisch.

TRAUBENSENF

Inspiriert vom schlosseigenen Weinberg, haben wir diesen Traubensenf kreiert.

Für 1 Glas (250 ml)
100 g blaue Trauben
50 g Rohrohrzucker
100 ml Apfelessig
50 g helles Senfmehl
1 TL Salz

Außerdem
Einmachglas

Feuerkochutensilien
Messer
Schneidebrett
Kochtopf
Kochlöffel
Feuerhandschuhe

Feuerreife
Rotglut

Die Trauben halbieren, entkernen und fein schneiden. Den Zucker und den Essig im Topf erhitzen, bis sich der Zucker aufgelöst hat. Die Trauben zugeben, aufkochen und etwa 2 Minuten köcheln lassen. Senfmehl und Salz einrühren.

Entweder abkühlen lassen und direkt zum Fisch genießen oder heiß in ein steriles Glas füllen und sofort verschließen. Der Senf hält sich dunkel und gekühlt bis zu 6 Monate.

VARIANTEN Anstelle von Trauben eignen sich fast alle Beeren, wunderbar zum Beispiel ein Senf mit Brombeeren, Himbeeren oder Heidelbeeren. Der Geschmack ist wie die Farbe intensiv.

TESSINER TROCKEN-WURST IN ROTWEIN GESCHMORT

Einer der Gäste brachte Tessiner Trockenwürste mit. Sie waren leicht scharf, im Geschmack ähnlich wie Chorizos, und nur wenig fettig. In Scheiben geschnitten, etwas angebraten und mit Wein abgelöscht, ergeben sie eine ausgezeichnete Vorspeise.

200 g Trockenwurst, ersatzweise Chorizo
100 ml Rotwein
1 Limette, Saft
Brot

Außerdem
Küchenpapier

Feuerkochutensilien
Messer
Schneidebrett
Pfanne
Grillzange
Kochlöffel
Holzspießchen

Feuerreife
Rotglut

Die Wurst häuten und in nicht allzu dünne Scheiben schneiden. Die Scheiben in der Pfanne ohne Zugabe von Fett leicht anbraten. Eventuell austretendes Fett mithilfe der Grillzange mit Küchenpapier aufsaugen und entfernen. Mit dem Rotwein ablöschen und diesen etwas einkochen lassen. Zum Schluss mit etwas Limettensaft abschmecken. Mit Holzspießchen direkt aus dem Topf zusammen mit feuergewärmtem Brot genießen.

AUF DEM KASTANIEN-BRETT GERÄUCHERTER ZANDER

Dies ist ein Feuergericht mit nur ganz wenigen Zutaten. Es erfordert jedoch bei der Zubereitung etwas Fingerspitzengefühl. Das Gericht ist aber so gut, dass es sich auf jeden Fall lohnt.
Ein Schreiner aus dem Dorf hat uns Bretter aus dem Esskastanienholz des oberhalb liegenden Waldes gesägt. Sie eignen sich nicht nur als Schneideunterlage, sondern sind auch verwendbar zum Räuchern von Fischen.

400 g tagesfrischer Fisch mit Haut
1 Prise Rohrohrzucker
1 Prise Salzflocken
1 Zitrone, Saft

Feuerkochutensilien
1 unbehandeltes Holzbrett, einen halben Tag gewässert
Grillrost
Messer
Schneidebrett
Grillhaube
Grillzange

Feuerreife
Schwache Glut

Das Holzbrett auf der einen Seite auf dem Grillrost trocknen, bis es Farbe annimmt. Den Fisch in Stücke von etwa 100 g schneiden und mit der Hautseite nach unten auf die getrocknete Seite des Holzbretts legen. Den Fisch mit je 1 Prise Rohrohrzucker und Salzflocken würzen.

Das Brett mit dem Fisch auf den Grillrost legen und mit der Grillhaube zudecken. Das Feuer sollte so klein sein, dass das Brett etwa nach 1 Minute zu schwelen beginnt und der erste Rauch aufsteigt. Entwickelt sich kein Rauch, noch etwas vorbereitete Glut (nicht frische Kohle!) zugeben. Steigt der Rauch schon früher als nach 1 Minute auf, ist das Feuer zu stark und muss durch Wegnahme von Kohle reduziert werden.

Die gesamte Räucherdauer sollte nun 15–20 Minuten betragen. Das Feuer muss dementsprechend sorgfältig gepflegt werden und ist für den Erfolg dieses Gerichts maßgebend. Ist die Hitze zu groß, kann das Brett zu brennen beginnen, ist sie zu klein, wird der Fisch nicht genügend gegart. Das richtige Maß herauszufinden, erfordert etwas Fingerspitzengefühl und Erfahrung.

Um die leichte Süße des Zuckers auszubalancieren, können ein paar Tropfen Zitronensaft darübergeträufelt werden. Mit den Fingern gegessen schmeckt das Gericht am allerbesten.

VARIANTEN Unser Lieblingsräuchergericht ist irischer Biolachs, geräuchert auf einer Bergüner Lärchenschindel. Die Lärche ist auf 1100 Meter Höhe gewachsen und enthält viel geschmackgebendes Harz.

SO MACHEN WIR ES Auf konventionell gezüchteten Lachs verzichten wir vollständig. Er ist zu fettig zum Räuchern, enthält ungünstige Hilfsstoffe und ist ethisch für uns nicht vertretbar. Wildlachs ist gut zum Räuchern geeignet, wird jedoch durch den geringeren Fettanteil beim Räuchern in unerfahrenen Händen schnell trocken.

SALTIMSTOCCA

Der Bürgermeister hatte zartes Rindfleisch und ein großes Stück Rohschinken mitgebracht. Es war Hochsommer und ein Busch Salbei im Schlossgarten in voller Pracht. Im Kastanienwald schnitten wir große Stöcke und wickelten abwechselnd Fleisch, Schinken und Salbei darum. »Saltimstocca« war geboren.

600 g mageres Fleisch vom Rind, zum Beispiel Huft/Hüfte
Öl für den Stecken
100 g Rohschinken, geschnitten oder am Stück
16 frische Salbeiblätter
1 EL Olivenöl
Salz
1 TL Honig

Feuerkochutensilien
Messer
Schneidebrett
ca. 12 Zahnstocher
1 Kastanienholzstock, etwa 5 cm Durchmesser, möglichst gerade gewachsen
feuchtes Tuch
Pinsel

Feuerreife
Rotglut/schwache Glut

Das Rindfleisch in dünne, lange Streifen schneiden, wenn möglich gegen die Faser. Mehrere Fleischstreifen mit Zahnstochern an der kurzen Seite zusammenstecken, bis ein etwa 50 cm langes Stück entstanden ist.

Den Kastanienstecken mit einem feuchten Tuch abreiben, das obere Ende leicht einölen. Das Fleisch von unten nach oben um den Stecken wickeln, dabei abwechselnd Rohschinken und Salbeiblätter zwischen Holz und Fleisch mit einwickeln. Zum Schluss das Fleischende oben am Stock mit einem weiteren Zahnstocher fixieren und das Fleisch außen von Hand leicht einölen und salzen.

Den Fleischstock ans Feuer stellen und braten, bis Teile davon knusprig braun sind.
Zum Schluss der Bratzeit das Fleisch mit einem Pinsel mit Honig bestreichen und nochmals kurz über der Hitze braten. Die Inhaltsstoffe des Honigs gehen zwar damit verloren, aber die geschmacksgebende Süße bleibt erhalten.
Das Fleisch vom Stock schneiden und genießen.
Dazu passt ein Risotto.

VARIANTEN Anstelle von Kastanienholz eignen sich auch Haselnussholz oder andere ungiftige Hölzer, zum Beispiel Buche.

KASTANIENGNOCCHI – GNOCCHI DI CASTAGNE

Der Kastanienwald liefert nicht nur Holz und Blätter, sondern im Herbst auch herrliche Früchte. Daraus wird ein Mehl hergestellt, um noch längere Zeit etwas von den kostbaren Früchten zu haben. Im Tessin werden aus Kastanienmehl auch Gnocchi gemacht. Dieses Gericht ist etwas aufwendiger und eignet sich besonders für eine Runde, die dem gemeinsamen Kochen gerne viel Zeit einräumt.

400 g mehligkochende Kartoffeln
250 g Kastanien, geschält
Salz
50 g Weißmehl (Weizenmehl Type 405)
50 g Kastanienmehl
1 Ei
Pfeffer aus der Mühle, frisch geriebene Muskatnuss
Olivenöl
1 Bund Salbei
50 g Butter
100 g Käse, gerieben

Feuerkochutensilien
Messer
Schneidebrett
2 Kochtöpfe
großes Sieb
Schüssel
Kartoffelstampfer
Schaumlöffel
Kochlöffel
Eisenpfanne

Feuerreife
Rotglut

Die Kartoffeln schälen und in Würfel schneiden. Zusammen mit 200 g Kastanien etwa 20 Minuten in leicht gesalzenem Wasser weich kochen. Abschütten, ausdampfen lassen und alles zerstampfen oder durchpassieren. Das Weiß- und Kastanienmehl dazugeben, dann das Ei. Mit Salz, Pfeffer und Muskatnuss abschmecken und alles gut zu einem festen Teig verkneten.
20 Minuten ruhen lassen.

In einem Topf Salzwasser zum Kochen bringen. Aus dem Teig etwa 2 cm dicke Rollen formen und davon Stücke von 2 cm abstechen.
Im kochenden Salzwasser etwa 3 Minuten kochen, bis sie an die Oberfläche steigen. Herausnehmen und abtropfen lassen.

Die Gnocchi zusammen mit den restlichen Kastanien in einer Pfanne in Olivenöl anbraten. Salbeiblätter und Butter dazugeben und noch etwas weiterbraten. Mit dem Käse bestreuen und gemeinsam aus der Pfanne essen.

SO GEHT ES NOCH EINFACHER Wer den Kochaufwand draußen reduzieren möchte, kann den Gnocchiteig zu Hause vorbereiten. Man kann sogar die Gnocchi schon vorkochen. Am Feuer werden sie dann in der Eisenpfanne wieder zum Leben erweckt werden. Wer den Aufwand des Kastanienschälens scheut, kann diese geschält und tiefgefroren oder vakuumiert kaufen.

SPEZZATINO DI MANZO – EIN TESSINER SCHMORGERICHT

Dieses einfache Feuerschmorgericht eignet sich besonders gut für eine laue Sommernacht. Es muss lange geschmort werden, und aus dem Topf kann man sich die ganze Nacht immer wieder bedienen. Die Zutaten können je nach Verfügbarkeit variieren und müssen nicht genau wie im Rezept angegeben sein. Durch das langsame Schmoren über dem Feuer entstehen neue Geschmacksnoten, die wesentlich komplexer sind als die Summe der einzelnen Zutaten. Das Schmorgericht wird noch besser, wenn es in größerer Menge als im Rezept angegeben gekocht wird.

800 g Rindfleisch, in Ragoutstücke geschnitten
1 Kalbsfuß
20 g Butter
4 EL Olivenöl
2 große Zwiebeln
8 Knoblauchzehen
½ Stange Staudensellerie
3 Karotten
½ Flasche Weißwein
Petersilie, Rosmarin, Salbei nach Belieben, klein gezupft
Salz, Pfeffer aus der Mühle

Feuerkochutensilien
Messer
Schneidebrett
Kochtopf
Kochlöffel

Feuerreife
Rotglut/schwache Glut

Auf ziemlich großem Feuer das Fleisch in einer Mischung von Butter und Olivenöl gut anbraten, bis es fein duftet. Zwiebeln, Knoblauch und das restliche Gemüse klein schneiden, zugeben und bei kleinerem Feuer weiter anschmoren. Mit dem Weißwein ablöschen, die Kräuter zugeben und alles bei kleinem Feuer zugedeckt mindestens 2 Stunden schmoren lassen. Mit Salz und frisch gemahlenem Pfeffer abschmecken.

VARIANTEN Besonders gut schmeckt das Gericht, wenn noch Speckwürfel mitgeschmort werden.

SO MACHEN WIR ES Im Topf gekocht und aus dem Topf gegessen. Am besten schmeckt das Gericht mit dem Suppenlöffel direkt aus dem Topf und mit einem Stück Brot dazu.

COLAVITA
Olio Extra Vergine di Oliva
Selezione Italiana
100%
Extra Virgin
Olive Oil
GRAN
DELIZIA
ACETO BALSAMICO
DI MODENA I.G.P.

RISOTTO MIT SAFRAN

Safranrisotto ist ein Klassiker der norditalienischen Küche und kann wunderbar auf dem Feuer gekocht werden. Beim Risottokochen sind etwas physikalische Kenntnisse hilfreich. So ist es beim Anbraten des Reises wichtig, dass die Körner gleichmäßig und stark erhitzt werden, dabei aber nicht anbrennen. Sobald sie heiß sind, löscht man sie schockartig mit genügend kaltem Weißwein ab. Dadurch entstehen im Reiskorn Spannungsrisse. Diese Risse lassen zum einen die Kochflüssigkeit besser in das Korn eindringen und sorgen andererseits für einen besseren Abrieb der Reisstärke, was eine wunderbar cremige Konsistenz begünstigt.

2 Briefchen Safranfäden oder -pulver
1 große Zwiebel
1 Schuss bestes Olivenöl
200–400 g Carnarolireis
200 ml Weißwein oder Prosecco
frisch gekochte Gemüse- oder Hühnerbrühe
(siehe Seite 79 und 112)
25 g Butter
50 g Mascarpone
100 g Parmesan, gerieben
etwas Zitronensaft
Salz, Pfeffer aus der Mühle

Feuerkochutensilien
Schüssel
Messer
Schneidebrett
Kochtopf oder Eisenwok
Kochlöffel
Schöpfkelle

Feuerreife
Schwache Glut. Die Glut darf nicht zu heiß sein, da sonst der Reis beim Anbraten anbrennen kann oder das Gericht beim Rühren am Topfboden anhängt.

Den Safran in lauwarmem Wasser einweichen. Die Zwiebel klein schneiden und in Olivenöl anschwitzen. Den Reis dazugeben und unter Rühren anbraten, bis er ganz heiß ist. Mit dem Weißwein oder Prosecco ablöschen und diesen fast vollständig einkochen lassen. Nun nach und nach die Brühe zugeben. Den Reis immer in der Form einer Acht rühren, damit er nirgends anbrennt. Etwa 15 Minuten köcheln lassen, bis der Reis cremig, aber gerade noch bissfest ist. Butter und Mascarpone unterrühren, dann den Parmesan darunterrühren. Mit Zitronensaft, Salz und frisch gemahlenem Pfeffer abschmecken. Der Risotto sollte noch gut flüssig sein. Ein paar Minuten ruhen lassen und genießen.

VARIANTEN Es gibt unzählige Varianten von Risotti. Unsere Favoriten sind die beiden Klassiker Safran- und Steinpilzrisotto. Anstatt mit allzu vielen Variationen zu experimentieren, empfehlen wir, diese beiden Klassiker zu perfektionieren. Eine Variante des Safranrisottos ist die Zubereitungsart »alla milanese«: Der Reis wird dafür in Rindermark angeschwitzt, das ihm den typischen Geschmack verleiht.

Venezianisch inspiriert ist der »Risotto nero«. Anstelle von Safran kommen Sepiatinte, Tintenfischstücke und einige Tomaten dazu, abgelöscht wird mit einer Brühe aus ausgekochten Fischköpfen und -gräten.

SO MACHEN WIR ES In unserer Küche sind Suppenbrühwürfel tabu. Gibt es Risotto, stellen wir gleich zu Beginn einen Topf mit Wasser und Gemüse oder einem Suppenhuhn aufs Feuer und lassen ihn so lange wie möglich vor sich hinköcheln. Der Aufwand lohnt sich!

Einer unserer Lieblingsbegleiter zum Safranrisotto ist eine Siedewurst, im Tessin sind es immer Luganighe. Diese Schweinswürste mit Zimt- und Nelkennote lässt man etwa eine halbe Stunde im Wasser ziehen.

SIZILIANISCHE KALTE TOMATENSAUCE FÜR PASTA – PESTO TRAPANESE

Es ist nicht immer nötig, eine Tomatensauce zu kochen, schon gar nicht stundenlang. Die Sizilianer stellen mit ihren besonders geschmackvollen Früchten eine schnelle kalte Tomatensauce für Pasta her. Dieses und das nachfolgende Rezept hat uns unsere Fotografin mitgebracht.

50 g Mandelkerne, geschält, geröstet
3 Knoblauchzehen
300 g sonnengereifte Tomaten
Basilikumblätter
Meersalz, schwarzer Pfeffer aus der Mühle
Olivenöl

Kochutensilien
Messer
Mörser mit Stößel
Gemüsereibe
Schüssel

Die Mandeln mit dem Knoblauch im Mörser fein zerreiben. Die Tomaten auf der Gemüsereibe ebenfalls fein reiben. Die Basilikumblätter mörsern oder nach Belieben klein zupfen. Alles vermischen und mit Salz, frisch gemahlenem schwarzen Pfeffer und Olivenöl abschmecken. Diese Sauce wird in Sizilien traditionell zu »Pasta busiate« gegessen, einer Teigwarensorte, die an lange, eng gedrehte Locken erinnert. Die Sauce passt aber auch wunderbar zu Spaghetti oder einer anderen Pastasorte.

BreVita

KALTE SAUCE AUS BRENNNESSELN

Brennnesseln gibt es im Frühling und Sommer fast überall, und das in rauen Mengen. Allein mit einem Mörser ausgerüstet, lässt sich diese zu Unrecht »Unkraut« genannte Pflanze in ein schnelles Pesto verwandeln. Der Name »Pesto« stammt von dem italienischen Wort »pestare« und bedeutet »zerstampfen«. Es ist eine ungekochte Sauce aus der althergebrachten Wildpflanzenküche.

Reichlich junge Brennnesselblätter
(Handschuhe und Schere nicht vergessen!)
Salz
50 g Pinienkerne, geröstet
2 Knoblauchzehen
Olivenöl
1 unbehandelte Zitrone, abgeriebene Schale und Saft
schwarzer Pfeffer aus der Mühle
Pecorino oder Parmesan, gerieben

Feuerutensilien
Kochtopf
Feuerhandschuhe
Messer
Mörser mit Stößel

Feuerreife
Rotglut

Die Brennnesselblätter in einem Topf mit Salzwasser kurz sieden. Das Wasser abgießen und die blanchierten Brennnesseln gut abtropfen lassen. Zusammen mit den Pinienkernen, dem Knoblauch, Olivenöl sowie Zitronensaft und -schale im Mörser zu einer feinen Paste reiben. Mit Salz und frisch gemahlenem schwarzen Pfeffer abschmecken.

Dieses Pesto passt wunderbar zu Orecchiette oder Penne, aber auch zu jeder anderen Pastasorte. Zum Schluss geriebenen Pecorino oder Parmesan darübergeben. Jedes Pesto wird noch besser, wenn es nach der Zubereitung etwas ruhen und durchziehen kann, damit sich die Aromen entwickeln können.

FEIGEN IM WEINSUD

Ein großer Feigenbaum im Schlossgarten hat uns zu dieser Nachspeise inspiriert. Die köstlichen großen, süßen Früchte gibt es in vielen Sorten von Grün bis Dunkelviolett. Zum Rohessen sind sie am besten, wenn die Schale fast schon aufzuspringen beginnt. Für die gekochte Zubereitung können es auch noch nicht ganz so reife Früchte sein.

8 frische Feigen
50 g Butter
50 g Rohrohrzucker
200 ml Portwein oder Süßwein
1 Schuss milder Balsamicoessig
oder Saft von 1 Limette

Feuerkochutensilien
Zahnstocher
Kochtopf
Kochlöffel

Feuerreife
Rotglut/schwache Glut

Die Feigen waschen und mit einem Zahnstocher von allen Seiten mehrmals einstechen, damit der Wein gut einziehen kann.

Die Butter im Kochtopf schmelzen und den Zucker darin zergehen lassen. Die Feigen hineingeben und in dem Karamell wenden. Mit dem Wein ablöschen und diesen kurz einköcheln lassen, bis die Haut der Feigen weich ist. Mit einem Schuss Balsamicoessig oder etwas Limettensaft abschmecken.

FEUERKOCHEN AM SEE

Ein Tag Auszeit vom Alltag wirkt Wunder. Auch und vielleicht gerade wenn der Ort abgelegen und die Feuerstelle am Bergsee nur zu Fuß erreichbar ist. Dies bedeutet, dass sowohl die Zutaten als auch die Kochgefäße reduziert und einfach sein müssen, aber dennoch den Ansprüchen eines erfüllenden kulinarischen Genusses genügen sollen. Zum Geschmackserlebnis in den Bergen gehören möglichst lokale Produkte. Zutaten aus dem Supermarkt würden hier stören, da sie mit dem Alltag verbunden sind, den wir bei dieser Erfahrung gerade zurücklassen wollen. Erkundigen Sie sich daher im Voraus nach lokalen Lebensmittelläden, Bauernläden, einem Bergkiosk, bei örtlichen Pilz- und Beerensammlern sowie Jägern. So kommen Sie zu den urigsten und herrlichsten lokalen Produkten.

BROTSUPPE

Brot wird auf der Alp fast nie frisch gegessen. Gebacken wird erst, wenn das alte Brot aufgebraucht ist, vielleicht sogar nur am Samstag für den sonntäglichen Frühstückstisch. Die ganz harten Krumen werden als Brocken am Morgen in die Milch getaucht oder können zu einer einfachen, aber schmackhaften Suppe verkocht werden.

100 g altbackenes Brot
1 l Wasser
1 mittlere Zwiebel
1 Knoblauchzehe
1 EL Butter
Salz, Pfeffer aus der Mühle, frisch geriebene Muskatnuss

Feuerkochutensilien
Küchentuch
Kochtopf mit Deckel
Messer
Schneebesen

Feuerreife
Rotglut/schwache Glut

Das harte Brot in einem Küchentuch mit einem Stein grob in Stücke schlagen.

Das Wasser in einem Topf aufsetzen. Das Brot, die ganze, geschälte Zwiebel, die ganze, geschälte Knoblauchzehe und die Butter dazugeben und aufkochen. Bei kleinem Feuer zugedeckt etwa 1 Stunde oder länger langsam vor sich hinköcheln lassen.

Zum Schluss die Suppe mit dem Schneebesen gründlich aufschlagen und mit Salz, frisch gemahlenem Pfeffer und Muskatnuss abschmecken. Nach Wunsch mit einem extra Stück Butter verfeinern.

VARIANTEN Gibt es Gemüsereste, können diese gut in der Suppe mitgekocht werden.

LEBERWURSTBROT UNTER DEM HEISSEN STEIN

Die Idee zu diesem Rezept kam uns auf den Märkten in Edinburgh, wo das traditionelle »Haggis«, ein mit Innereien gefüllter Schafsmagen, als Streetfood zubereitet wird. Wir verwenden stattdessen Kochleberwürste, wie es sie traditionell bei uns zusammen mit Blutwurst in der kalten Jahreszeit – zur Zeit der »Metzgete« oder Schlachtfeste – zu kaufen gibt. Wer Leberwurst nicht mag, kann stattdessen eine Rösti aus Kürbis verwenden.

8 Scheiben Speck
2 mittelgroße frische Leberwürste
8 dünne Scheiben Brot
4 TL Senf
1 unbehandelte Zitrone
schwarzer Pfeffer aus der Mühle
100 g Bergkäse
1 Handvoll Alpenkräuter oder Rucola

Feuerkochutensilien
4 Steine in Größe der Brotscheiben
Grillzange
Eisenpfanne
Messer
Käsereibe
Grillrost

Feuerreife
Niedere Glut

Vier flache Steine zum Erhitzen in die Glut legen. In der Eisenpfanne den Speck knusprig anbraten, herausnehmen und beiseitelegen. Die Leberwürste in der gleichen Pfanne im ausgelassenen Speckfett so lange braten, bis sie platzen.

Alle Brotscheiben auf einer Seite mit reichlich Senf bestreichen. Die Hälfte der Brotscheiben auf der senfbestrichenen Seite mit dem gebratenen Leberwurstbrät belegen und mit dem Messer etwas Zitronenschale darüberschaben. Pfeffern und mit wenig Zitronensaft beträufeln. Den Speck darüberlegen und den Bergkäse darüberraspeln. Mit Kräutern oder Rucola belegen und mit den restlichen Brotscheiben als Sandwich zudecken.

Die Sandwichbrote in die ausgeriebene Pfanne zurückgeben oder auf einen Grillrost über kleinstem Feuer legen. Mit der Grillzange die erhitzten Steine auf die Brote legen. Die Hitze des Steins lässt nun den Käse schmelzen und toastet gleichzeitig das Brot. Die Brote als Mahlzeit oder in kleine Stücke geschnitten zum Aperitif genießen.

RYYS UND BOOR – EIN TRADITIONELLES GERICHT AUS DEN URNER ALPEN

Dies ist wohl eines der typischsten Rezepte aus dem Urnerland, im Herzen der Zentralschweiz. Die Zutaten dieser ursprünglichen Fastenspeise sind gut lagerfähig, deshalb ist das Gericht in den Bergregionen eine willkommene Abwechslung. Der Name »Boor« stammt vom romanischen Wort für Lauch (daher auch Poree). Dieser ist, ungewaschen in feuchten Sand eingepackt, im kühlen Keller auch ohne Kühlschrank gut haltbar.

1 kleiner Kochtopf voll frischer Gemüsebrühe
2 Kartoffeln
1 Lauchstange
2 EL Butter
200 g Carnarolireis
200 ml Weißwein
200 g Bergkäse, in kleinen Stücken oder gerieben
etwas Zitronensaft
Salz, schwarzer Pfeffer aus der Mühle

Feuerkochutensilien
Kochtopf für die Brühe
Messer
Schneidebrett
Wok oder Kochtopf für den Reis
Kochlöffel
Käsereibe nach Bedarf

Feuerreife
Rotglut/schwache Glut

Die Brühe vorbereiten und zum Kochen bringen. Die Kartoffeln schälen und in 1 cm kleine Würfelchen schneiden, damit sie gleichzeitig mit dem Reis gar werden. Den Lauch in feine Streifen schneiden.

Die Butter in den Wok oder Kochtopf geben und darin die Kartoffelstücke und Lauchstreifen langsam und gründlich andünsten, bis die Kartoffeln knapp gar sind. Das Feuer erhöhen, den Reis dazugeben und so lange anbraten, bis er ganz heiß ist. Mit dem Weißwein ablöschen und etwas Brühe dazugeben. Auf kleinem Feuer je nach Reissorte etwa 18 Minuten leise köcheln lassen; gelegentlich umrühren und ab und zu etwas Brühe nachgießen.

Vor dem Servieren den Bergkäse darunterziehen und mit Zitronensaft, Salz und frisch gemahlenem schwarzen Pfeffer abschmecken. Etwa 2 Minuten ruhen lassen, dann, wie es die Bergler taten, gemeinsam direkt aus dem Topf essen.

VARIANTEN Es gibt auch einige Rezepte dieses Gerichts, in denen die Kartoffeln weggelassen werden.

SO MACHEN WIR ES Der Käse muss nicht immer fein gerieben werden, diese Arbeit kann man sich fast immer sparen. Man schneidet den entrindeten Käse in kleinen Stücken direkt in den Reis. Damit er schmilzt, gibt man ihn etwa 1 Minute früher dazu als geriebenen Käse.

GEBRATENE STEINPILZE

Frische Steinpilze sind ein wunderbares Geschenk der Natur. Entsprechend sorgfältig sollte man sie zubereiten. Wir lieben es, sie in große Stücke zu schneiden und möglichst natürlich und nahe beim Fundort zu essen. Ausnahmslos alle Pilze sollten grundsätzlich immer nur durchgebraten oder durchgekocht gegessen werden. Vor dem Genuss sollten selbst gesammelte Pilze zur Pilzkontrolle gebracht werden.

400 g frische Steinpilze
1 guter Schuss kaltgepresstes Olivenöl
2 Knoblauchzehen, in Scheiben geschnitten
etwas frischer Thymian
1 EL Butter oder Olivenöl
einige Spritzer Zitronensaft
Salz, schwarzer Pfeffer aus der Mühle

Feuerkochutensilien
Küchenpapier
Messer
Schneidebrett
Eisenpfanne
Bratwender

Feuerreife
Rotglut

Die Pilze putzen (nicht waschen, nur abpinseln oder mit einem Küchenpapier abreiben!) und in große Würfel schneiden. Die Pilze in die sehr heiße Pfanne geben und wenden, bis sie etwas Farbe angenommen haben. Vom Feuer nehmen. Das Olivenöl und den Knoblauch zugeben und nicht mehr ganz so heiß weiterbraten, bis die Pilze durchgegart sind. Zum Schluss noch ein paar Thymianzweige dazugeben, der Thymian soll nur einen Hauch Geschmack an die Pilze abgeben. Die Butter oder das Olivenöl darunterziehen und mit einem Spritzer Zitronensaft, Salz und frisch gemahlenem schwarzen Pfeffer abschmecken.

HIRSCH AUF DEM FEUER

Der natürliche Lebensraum oder Entstehungsort eines Produktes ist immer eine bestens geeignete Kulisse für deren Genuss; der Ort unterstützt die eigene Vorstellungskraft und führt so zu einem intensiveren Geschmackserlebnis. Hirsch schmeckt deshalb, am Waldrand draußen in der Natur gegessen, besonders gut. Und Wildfleisch eignet sich hervorragend, um auf dem Feuer gebraten zu werden. Wildfleisch ist selbst so voller Geschmack, dass nur wenig davon für ein Genusserlebnis genügt. Zum Würzen reichen Salz und Pfeffer.

1 gutes Stück Fleisch vom Hirsch, oft auch als Hirschschnitzel angeboten, gut gelagert
grobkörniges Salz
schwarzer Pfeffer aus der Mühle

Feuerutensilien
Messer
Schneidebrett
Küchenpapier
Grillrost
Grillzange

Feuerreife
Rotglut

Das Hirschfleisch gegen die Faser in nicht zu dünne Steaks schneiden und mit Küchenpapier trocken tupfen. Etwa 1 Minute vor dem Grillen auf beiden Seiten mit grobkörnigem Salz würzen (man kann dabei beobachten, wie sich die Salzkristalle langsam auflösen).

Das Fleisch auf hohem Feuer kurz grillen, wenden und die zweite Seite grillen. Vom hohen Feuer wegnehmen und neben der Hauptglut auf tiefster Temperatur ein paar Minuten ruhen lassen. Vor dem Servieren pfeffern.

JOHANNISBEER-KONFITÜRE

Die klassische Beilage zu Wildfleisch sind Preiselbeeren. Sie haben ihren Ursprung ebenfalls im Wald und sind mit ihrem bitter-süß-sauren Charakter die ideale Ergänzung. Alternativ eignen sich aber auch rote Johannisbeeren. Ihre leuchtend rote Farbe steigert die Vorfreude schon bei der Zubereitung.

100 g Johannisbeeren
100 g Zucker
4 cm Zimtstange
etwas abgeriebene Schale einer unbehandelten Zitrone
1 Schuss Grappa

Feuerkochutensilien
Schüssel
Kochtopf oder Pfanne
Kochlöffel

Feuerreife
Schwache Glut

Die Johannisbeeren in einer Schüssel waschen. Das Wasser weggießen, die Beeren mit Zucker, Zimt und Zitronenschale mischen und etwas ziehen lassen.

Die Beerenmischung in einem Topf oder einer Pfanne aufkochen und so lange kochen lassen, bis die Beeren geplatzt sind und zu gelieren beginnen. Einen Schuss Grappa beigeben, nochmals aufkochen und abkühlen lassen.

SO GEHT ES NOCH EINFACHER Die Konfitüre kann natürlich auch bereits zu Hause zubereitet und dann im Glas mitgenommen werden.

BRISCHTNER NYTLÄ

Dies ist eine typische Dessertspeise, die so oder ähnlich vielerorts in Bergregionen zu finden ist. Alle Zutaten sind lagerfähig, und frischen Rahm gibt es auf der Alp reichlich. Der von Hand geschlagene Rahm (in Schweizer Mundart »Nidle« oder »Nytlä«) ist ein echter Hochgenuss – der Aufwand lohnt sich.

100 g Zucker
½ Flasche Rotwein
200 ml Wasser
8 ganze Dörrbirnen bester Qualität
250 ml Vollrahm (Sahne)

Feuerutensilien
Lochpfanne mit Deckel
Schöpflöffel
Metallschüssel
Schneebesen
Esslöffel
Suppenteller

Feuerreife
Zum Aufkochen mittleres Feuer, dann abnehmendes kleines Feuer

Zucker, Rotwein und Wasser in die Lochpfanne geben und aufkochen. Die Birnen dazugeben, sie sollten gut mit Flüssigkeit bedeckt sein; falls nötig, noch etwas Wasser nachgießen. Wieder aufkochen, dann auf abnehmendem bis kleinem Feuer die Birnen zu marzipanartiger Konsistenz, aber nicht ganz weich kochen. Die Birnen mit dem Schöpflöffel herausnehmen und beiseitestellen. Die restliche Flüssigkeit sirupartig einkochen und anschließend zugedeckt abkühlen lassen.

Den Rahm in einer Schüssel mit dem Schneebesen steif schlagen. Den geschlagenen Rahm auf Teller verteilen und die kalten Birnen mit etwas Saft darauf anrichten.

SO MACHEN WIR ES Statt Birnen und Rahm sorgfältig auf Teller zu verteilen, greifen wir die Birnen von Hand am Stiel, tunken sie zünftig in den Sirup und ziehen sie anschließend tief durch den geschlagenen Rahm. Beim Essen die Augen schließen – ein Hochgenuss!

FEUERKOCHEN AM KOHLEN-MEILER

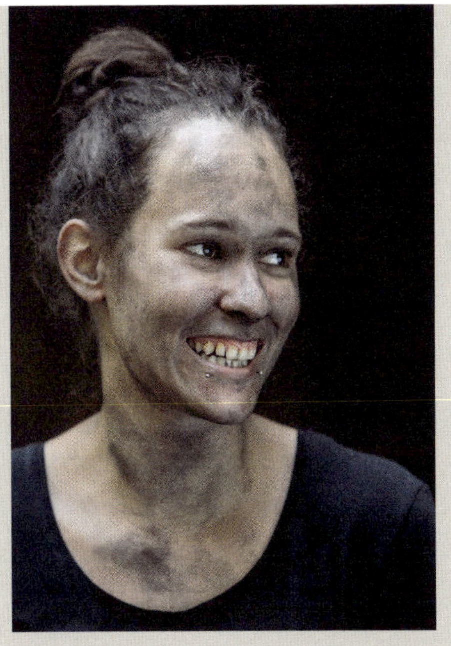

Die Arbeit am Kohlenmeiler ist hart, schmutzig und sehr anstrengend. Während der Brennphase muss Tag und Nacht die Luftzufuhr geregelt werden, Schlaf ist in dieser Zeit für die Köhler rar. Als Wertschätzung für diese Arbeit haben wir einmal im Herbst unsere Feuerküche zum Kohlenmeiler verlegt und die Köhlerinnen und Köhler bekocht. Der Wald stand in voller Farbenpracht, es roch wunderbar nach Rauch und würzigem Laub.

Wir haben das Glück, dass in etwa einem Kilometer Luftlinie von unserem Zuhause entfernt im Wald nebenan noch geköhlert wird. Zweimal im Jahr werden die mächtigen Meiler in Handarbeit aufgebaut, einmal im Frühling und einmal im Herbst. Aus fünfzig Tonnen Holz entstehen nach dreiwöchigem Glimmen und zehnwöchigem Abkühlen etwa fünf Tonnen beste Holzkohle. Was liegt daher näher, als diese heimische Kohle zum Feuerkochen zu verwenden und sich damit lange Transportwege zu sparen?

PILZRAGOUT AUF BROT ODER DIE KUNST DER PILZERÖSTENS

Im Wald riecht es im Herbst nach Pilzen. Ein Pilzgericht passt deshalb hervorragend an diesen Ort. Es müssen aber nicht unbedingt Waldpilze sein. Gewöhnliche, gute Champignons eignen sich auch ganz ausgezeichnet dafür.
So einfach es sich anhört, Pilze zu rösten ist eine Kunst. Und es gilt, ein paar wichtige Regeln zu beachten. Pilze enthalten bis zu neunzig Prozent Wasser. Deshalb und weil zu Hause auf dem Elektroherd keine genügend große Hitze zur Verfügung steht, werden sie dort eher gekocht als gebraten. Sie ziehen sehr schnell Wasser, und dann ist es mit dem Anbraten vorbei.

600 g Pilze nach Saison
1 guter Schuss kaltgepresstes Olivenöl
3 Knoblauchzehen, in Scheiben geschnitten
1 Chilischote, fein geschnitten
½ Bund Petersilie, grob geschnitten
1 Zitrone, Saft
Salz, schwarzer Pfeffer aus der Mühle
Steinofenbrot, in Scheiben geschnitten, angetoastet

Feuerkochutensilien
Messer
Schneidebrett
Wok oder große Eisenpfanne
Bratwender
Grillzange
Grillrost

Feuerreife
Rotglut

Das Wichtigste für das Gelingen dieses Gerichts ist das sehr heiße Anbraten der Pilze. Nur so nehmen sie Röstaromen an. Vorzugsweise verwendet man dafür einen Wok. Dieser hat im Vergleich zur Pfanne durch die Wölbung eine rund doppelt so große Oberfläche und eignet sich hervorragend, um das in den Pilzen enthaltene Wasser verdampfen zu lassen und diese gleichzeitig zu braten.

Die Pilze putzen und vierteln, größere Exemplare würfeln. Den Wok oder die Pfanne sehr stark erhitzen und die Pilze ohne Öl hineingeben. Das Öl würde bei der großen Hitze verbrennen und die Oberfläche der Pilze verkleben, sodass sie nicht mehr ausdampfen könnten. Bei größeren Mengen die Pilze nicht in Scheiben schneiden, da sonst zu wenig Zwischenraum für die Dampfabfuhr bleibt (Viertel oder Würfel ermöglichen eine bessere Verdampfung). Den Wok oder die Pfanne ab und zu etwas schütteln oder die Pilze wenden. Es entsteht Wasserdampf, die Pilze verlieren Wasser und beginnen Röstaromen zu entwickeln.

Sobald die Pilze genügend angebraten sind und eine schöne Röstfarbe angenommen haben, die Temperatur reduzieren. Erst jetzt das Öl dazugeben. Knoblauch und Chili hinzufügen und kurz in der Pfanne schwenken, dann die Petersilie zugeben und mitbraten. Mit Zitronensaft, Salz und frisch gemahlenem Pfeffer abschmecken. Auf angetoasteten heißen Brotscheiben servieren.

SO MACHEN WIR ES Ein paar Zedernkerne verleihen dem Pilzbrot einen zusätzlichen Farbtupfer und im Mund durch ihren Biss eine angenehme Abwechslung.

MARKBEINKNOCHEN UND BROT

Markbeine sind ein uraltes Gericht, lange Zeit fast vergessen und werden heute wiederentdeckt. Der Knochen schützt das fetthaltige Mark im Inneren auf natürliche Weise vor der Hitze und vor dem Verbrennen. Gut geeignet sind die Knochen der Unterschenkel des jungen Rindes. Um sie zu zersägen, werden sie tiefgefroren. Sie lassen sich auch gut und ohne Qualitätsverlust gefroren aufbewahren. In einigen Regionen gibt es sie fertig vorbereitet im Geschäft zu kaufen, andernorts kann man sie beim Metzger vorbestellen.

4 halbe Markbeinknochen
Brotscheiben, angeröstet
Salzflocken

Feuerkochutensilien
Grillrost
Grillzange
Esslöffel

Feuerreife
Schwache Glut

Die Markknochen in etwa 20 cm Abstand zur schwachen Glut mit der Schnittseite nach unten grillen. Sobald der erste Fetttropfen abtropft, die Knochen umdrehen, sodass die runde Seite der Knochen nach unten weist. Die Knochen bei kleiner Glut etwa 20 Minuten weiter rösten, bis sie keine blutigen Stellen mehr aufweisen und das Mark durchgegart ist.

Das warme Mark auf die angerösteten Brotscheiben geben und mit Salzflocken bestreuen. Zusammen mit Weißwein als Vorspeise genießen.

SPAGHETTI NACH KÖHLERART

»Carbonaro« bezeichnet im römischen Dialekt einen Kohlenhändler oder Köhler, demnach heißt »carbonara« »nach Köhlerart«. Nach einer Legende geht das Gericht auf Köhler zurück, die es in der Kohlenschaufel zubereitet haben. Was liegt also näher, als dieses Gericht am Kohlenmeiler zu kochen? Das Originalrezept aus Latium sieht Pancetta oder *Guanciale* vor. Wir verwenden hier auf Buchenholz geräucherten Bauchspeck. Und anstelle von Parmesan eignen sich auch andere Käsesorten.

500 g Spaghetti
100 g Speck
4 Eier
100 g Käse
Salz, Pfeffer aus der Mühle

Feuerkochutensilien
Kochtopf mit Deckel
Messer
Schneidebrett
Bratpfanne
Kochlöffel
Schüssel
Gabel
Käsereibe
Tasse

Feuerreife
Rotglut/niedrige Glut

Für die Spaghetti reichlich Wasser aufsetzen und gut salzen.

Den Speck nach Belieben in Streifen oder kleine Würfel schneiden und in der Pfanne im eigenen Fett leicht knusprig braten. Die Pfanne vom Feuer nehmen.

Die Eier in eine Schüssel schlagen und mit einer Gabel aufschlagen. Den Käse hineinreiben, pfeffern und alles gut mischen.

Die Spaghetti bissfest kochen. Mithilfe des Topfdeckels das Wasser abschütten, dabei etwas Kochwasser in einer Tasse auffangen. Die Spaghetti zum Speck in die Bratpfanne geben, die Eier-Käse-Mischung hinzufügen und alles umrühren. Wer es gerne cremiger mag, kann einen Schuss des heißen Kochwassers dazugeben. Dann nochmals umrühren.

BOUTEFAS

Man sagt, der »Boutefas« brauche Weile: Weile in der Herstellung, Weile bei der Zubereitung, Weile beim Genuss und Weile bei der Verdauung. Es gibt deshalb kaum etwas Passenderes zum Feuerkochen als diese gemächliche Wurst aus der französischen Schweiz. Der Name »Boutefas« entstammt dem Waadtländer Patois und bedeutet so viel wie »verjagt den Hunger«. Dies ist bei dem üppigen Anblick der bis zu drei Kilogramm schweren Wurst leicht verständlich. Das Fleisch wird mit Zutaten wie Wein oder Schnaps in einen Schweineblinddarm gepackt, mit einer Schnur verschlossen und kalt geräuchert. Unser Metzger Bernhard Muster stellt die Wurstspezialität aus nicht allzu fettem Schweinefleisch her und lässt sie eine Woche in seiner kleinen Hausräucherei im Buchenrauch reifen. Für die Zubereitung lässt man den Boutefas einfach in heißem Wasser ziehen.

1 Boutefas oder ersatzweise eine andere rohe Brühwurst

Feuerkochutensilien
Kochtopf
Feuerhandschuhe

Feuerreife
Rotglut/niedere Glut

Den Boutefas in einen passenden Topf legen, kaltes Wasser hinzufügen und unter dem Siedepunkt etwa 1½ Stunden ziehen lassen.

SO MACHEN WIR ES Traditionell wird der Boutefas heiß zu Lauch, Kartoffeln oder Sauerkraut gegessen. Entgegen der Tradition finden wir Quittenschnitze (siehe folgendes Rezept) die perfekte Ergänzung dazu. Bleibt etwas Wurst übrig, können wir es nicht lassen, von der kalten Wurst immer wieder mal ein Stückchen abzuschneiden und schnell in den Mund zu stecken.

QUITTENSCHNITZE

Die Frucht der Quitte ist für uns ein Symbol der Lebensfreude. Wenn man sie mit einem Tuch abreibt, kommt unter dem bitteren Flaum ein wahres Wunder der Natur zum Vorschein. Noch leicht unreif, leuchtet die Farbe verlockend zwischen Grün und Gelb und lässt einem den Speichel im Mund zusammenlaufen. Die reife Frucht riecht betörend und lädt zum Hineinbeißen ein. Da die bei uns wachsende Art roh nicht genießbar ist, müssen Quitten aber erst gekocht werden. Lange Zeit in Vergessenheit geraten, ist die Quitte heute eine wiederentdeckte Herbstfrucht der Sonderklasse. Wir schneiden sie in feine Schnitze und kochen sie langsam auf dem Feuer. Dabei karamellisieren sie und reifen zu Ende.

2 reife Quitten
1 Handvoll Zucker (50 g)
1 Prise Salz
100 ml Wasser
1 guter Schuss Quittenschnaps (5 EL)
einige Spritzer Limettensaft

Feuerkochutensilien
Messer
Schneidebrett
schwere Eisenpfanne oder Kochtopf
Kochlöffel

Feuerreife
Schwache Glut

Die Quitten gründlich abreiben, um sie vom bitteren Flaum zu befreien, waschen, dann in Schnitze schneiden und das Kerngehäuse entfernen. Zucker, Salz und Wasser in einer Pfanne oder einem Topf aufkochen. Die Quitten dazugeben und unter ständigem Wenden auf kleinem Feuer gar kochen. Den sich am Pfannenrand bildenden Karamell mit der Flüssigkeit auflösen und einrühren. Bei Bedarf noch etwas Wasser beigeben. Sind die Quitten gar, sollte die verbleibende Flüssigkeit hellbraun und sirupartig eingekocht sein. Den Quittenschnaps zugeben und noch einmal aufkochen. Am Schluss ein paar Spritzer Limettensaft beigeben.

VARIANTEN Natürlich kann der Quittenschnaps auch weggelassen werden. Ihn durch einen anderen Schnaps zu ersetzen, wäre aber schade.

Die Quittenschnitze passen ausgezeichnet zu einem Stück geräuchertem Fleisch oder Speck. Bei unserem Essen am Kohlenmeiler legen wir sie auf eine Scheibe Boutefas und essen sie von Hand.

KARAMELLBONBONS

Diese süße Leckerei (in der Schweizer Mundart auch »Nidle-« oder »Rahmtäfeli« genannt) auf dem Feuer zu kochen, ist ein Riesenspaß, geschehen dabei doch Dinge, die sich im Alltagskochen nie beobachten lassen. Bei der Herstellung ist auf den genauen Zeitpunkt zu achten, zu dem die Karamellmasse vom Feuer genommen werden muss. Menge, Kochgeschirr, Feuer und Lichtverhältnisse können einem aber einen Streich spielen. So sind auch unsere Bonbons etwas arg dunkel geworden, aber sie haben dennoch ausgezeichnet geschmeckt. Die Pfanne bekommt man übrigens ganz einfach wieder sauber, indem man Wasser darin aufkocht, bis die Zuckerrückstände aufgelöst sind.

Für 1 Pfanne
500 g Zucker
500 ml Rahm (Sahne)
1 Stück Butter

Feuerkochutensilien
Eisenpfanne
Kochlöffel

Außerdem
Backpapier

Feuerreife
Rotglut/niedere Glut

Den Zucker und den Rahm in die Eisenpfanne geben und unter ständigem Rühren aufkochen. Darauf achten, dass die Pfanne groß genug ist, das Volumen der Flüssigkeit vervielfacht sich beim Aufkochen.

Sobald die Masse kocht, die Hitze reduzieren und bei kleinem Feuer weiterkochen, bis sie hellbraun und dicklich wird und sich von der Pfanne zu lösen beginnt. Dies ist der kritische Punkt: Das Einkochen der Masse geschieht relativ langsam, aber am Schluss geht alles blitzschnell. Da die schwere Eisenpfanne Wärme gut speichert, muss man sie schon dann vom Feuer nehmen, wenn die Masse noch hellbraun ist. Abseits vom Feuer, die Butter zugeben und vollständig unterrühren. Den Karamell auf Backpapier geben und flach streichen.

SO MACHEN WIR ES Wie so oft werden die »Nideltäfeli« erst richtig gut, wenn sie in genügend großer Menge zubereitet werden. Auch wenn eine Pfanne voll für mehr als vier Personen ausreicht, werden die feuergekochten Bonbons schnell Abnehmer finden.

FEUERKOCHEN AUF DEM STRASSENKREISEL

KÜRBiSESSEN
27.10.2017 19:00 UHR

An einem heißen Tag haben wir auf einem Straßenkreisel mitten in der Stadt eine kleine Gemüseplantage entdeckt. Begeistert von dieser Idee, kam uns sofort der Gedanke, das Gemüse bei der Ernte vor Ort auf dem Feuer zu verkochen. Wir haben einen Brief mit einer Anfrage an Unbekannt auf dem Kreisel deponiert und prompt eine positive Antwort erhalten. Drei Familien hatten nach dem Vorbild aus dem Film »Tomorrow – die Welt ist voller Lösungen« gemeinsam begonnen, dort Gemüse anzupflanzen. Die Idee hat mittlerweile viele Nachahmer gefunden. Bald war ein Datum ausgemacht, und die Feuerkocherei an diesem ungewöhnlichen Ort konnte beginnen. Geplant als Kochanlass mit den drei Familien, hat sich daraus ein kleines Stadtteilfest entwickelt. Besucher und Passanten haben spontan mitgekocht. Die Stimmung war unbeschreiblich; schließlich haben über achtzig Personen von Jung bis Alt zusammen gekocht, gegessen und gefeiert.

KÜRBIS MIT PASTA

Frisch gekochte Pasta schmeckt immer. Das mühsame Schneiden des Kürbisses ist eine kleine Herausforderung, die leuchtend orange Farbe die Entschädigung dafür. Gewürzt wird mit Petersilie, für viele Saucen ein ganz wunderbares Gewürz. Unbedingt die Stiele mitverwenden, da sie reichlich Petersiliensaft und Aromen enthalten – für uns sind sie gar das Wertvollste an der ganzen Pflanze. Die Stiele sind wegen der Fasern zäh und müssen fein geschnitten und generell etwas länger gekocht werden als die Blätter.

300 g Kürbis
1 rote Chilischote
4 Knoblauchzehen
1 unbehandelte Zitrone
1 Bund glatte Petersilie, mit den Stängeln
50 g Zedernkerne
Salz
100 ml Olivenöl
Pfeffer aus der Mühle
300 g Pasta nach Wahl
Käse, gerieben, nach Belieben

Feuerkochutensilien
Messer
Schneidebrett
2 Schüsseln
Kochtopf
Eisenpfanne
Kochlöffel
Suppenteller für die gerösteten Zedernkerne

Feuerreife
Rotglut/niedere Glut

VARIANTEN Zedernkerne sind eine gute Abwechslung zu den bekannten Pinienkernen. Sie sind etwas kürzer, kegelförmig und von etwas harzigerem Geschmack. Wie Pinienkerne können sie leicht angeröstet werden.

SO MACHEN WIR ES Da sich in den Winkeln der krausblättrigen Petersilie gerne Pflanzenschutzrückstände sammeln oder sich auch Schimmel bilden kann, verwenden wir nur glatte Petersilie.

Den Kürbis in kleine flache Stücke schneiden. Chili und Knoblauch klein schneiden. Die Zitronenschale ohne das bittere Weiße abschälen und in feine Streifen schneiden. Die Petersilie klein schneiden.

In der Eisenpfanne die Zedernkerne unter ständigem Rühren leicht anrösten (darauf achten, dass sie nicht anbrennen!), auf einem Teller beiseitestellen. In einem Kochtopf Wasser zum Kochen bringen und salzen.

Etwas Olivenöl in die Pfanne geben, Chili und Knoblauch darin anschwenken. Die Kürbisstücke, die Zitronenschale und die Petersilienstängel dazugeben. Auf kleinem Feuer langsam braten, bis der Kürbis gar ist. Dabei entwickeln sich herrliche Röstaromen. Gegen Schluss können mit etwas Wasser die Röstaromen vom Pfannenrand gelöst werden; das Ganze wird dadurch etwas cremiger. Die Petersilienblätter dazugeben. Mit frisch gemahlenem Pfeffer abschmecken.

Die Pasta im kochenden Wasser knapp bissfest kochen. Die Pasta mithilfe des Deckels abgießen und tropfnass in die Eisenpfanne geben. Mit der Kürbissauce vermengen. 1 Minute ziehen lassen und servieren. Nach Belieben geriebenen Käse dazu reichen.

FEUERKOCHEN IM OFENHAUS

Es ist Spätherbst. Im Ofenhaus backten früher die umliegenden Anwohner ihr eigenes Brot. Damals hatten nur die Bauern das Mehl zum Backen. Das Ofenhaus hatte den Vorteil, dass ein großer Ofen eine gleichmäßigere Hitze erzeugt und für alle zusammen nur einmal eingefeuert werden musste. Zudem war es der Ort für den Austausch von Informationen, Klatsch und Tratsch, was früher eine wichtige Abwechslung zum oft einsamen Arbeitsalltag

war. Es gibt heute noch viele solcher Ofenhäuser. Es ist die Mühe wert, sie aufzusuchen, sie einzuheizen und wieder zum Leben zu erwecken.
Einmal im Jahr, jeweils am 5. Dezember, feuern wir einen solchen Ofen ein und laden Jung und Alt zum Backen der sogenannten Grittibänzen ein, die andernorts Weckmänner oder Stutenkerle heißen. Wir bereiten den Teig und die Verzierungen vor, und schon kann es losgehen. Es wird geknetet und geformt, was die Fantasie hergibt. Vom frühen Nachmittag bis spät am Abend wird gebacken, sodass die Teigmänner rechtzeitig zum Nikolaustag am 6. Dezember bereit sind. Da Backen und Tratschen hungrig machen, werden dazu kleine Feuergerichte gereicht.

HEISSE SCHWEINS-WÜRSTCHEN MIT MEERRETTICH

Als Gegenentwurf zur industriellen Massenproduktion haben vom Metzger selbst hergestellte Würste ihren ganz besonderen Reiz. Bei unserem Metzger hängen sie nur kurz im Buchenholzrauch und duften himmlisch. Man erkennt sie an den fingernagelähnlichen Zeichen an den inneren Wurstenden, dort wo das Wurstpaar zusammenhängt. Die Würste werden in der Rauchkammer über einen Besenstiel gehängt. Vom langen Gebrauch sind die Besenstiele schwarz geworden. Die schwarze Farbe zeichnet sich an den Auflagestellen auf der Wurst ab und ist ein untrügliches Zeichen dafür, dass die Würste auch wirklich hausgeräuchert sind.

4 Paar Schweinswürstchen
1 großes Stück Meerrettichwurzel
milder Senf

Feuerkochutensilien
Kochtopf
Messer
Feuerhandschuhe
Gemüsereibe

Feuerreife
Rotglut/niedere Glut

Einen Topf mit kaltem Wasser füllen und die Schweinswürstchen hineinlegen. Das Wasser bis vor den Siedepunkt bringen und die Würste zugedeckt etwa 20 Minuten ziehen lassen.

Von der Meerrettichwurzel den unteren, spitz zulaufenden Teil schälen und auf der Gemüsereibe reiben.

SO MACHEN WIR ES Beim Kauf von frischem Meerrettich wählen wir immer eine möglichst große Wurzel, wir können nicht genug davon bekommen. Die Wurzel soll sich schwer anfühlen, durchgängig fest und nicht gummiartig biegbar sein.

Zum Essen werden die heißen Schweinswürstchen tüchtig in Senf und danach reichlich in den frisch geriebenen Meerrettich getunkt. Wenn beim Essen die Nase brennt und Wasser in die Augen tritt, wurde alles richtig gemacht, und der Meerrettich hatte eine gute Qualität.

RÄBEN IN MILCHSAUCE

Die Herbstrübe, Weiße Rübe oder Räbe, wie sie in der Schweiz heißt, gibt es in kugeliger oder lang gestreckter Version. Früher ein Hauptnahrungsmittel, ist sie heute kulinarisch in Vergessenheit geraten. Im November schnitzen die Kinder aus den Rüben die Räbenlichter für die Lichtumzüge an dunklen Abenden. Nach dem Umzug werden die Lichter ans Fenster gestellt, bis die Kerze erloschen ist. Dies ist ein typisches Wintergericht der Groß- und Urgroßmütter. Es ist einfach in der Zubereitung und von unerwartet gutem Geschmack. Je nach Vorliebe kann man dem Gericht am Schluss mit Kümmel oder Muskatnuss noch die kulinarische Krone aufsetzen.

Salz
4 mittelgroße Weiße Rüben (Räben, Bodenkohlrabi)
50 g Butter
50 g Mehl
100 ml kalte Milch
Pfeffer aus der Mühle
frisch geriebene Muskatnuss oder Kümmel

Feuerkochutensilien
Kochtopf mit Deckel
Messer oder Sparschäler
Rösti- oder Gemüsereibe
Schüssel
Kochlöffel oder Schneebesen

Feuerreife
Tiefe Glut

In einem Kochtopf Salzwasser aufsetzen. Die Rüben mit dem Messer oder Sparschäler dünn schälen und vierteln. Auf der Rösti- oder Gemüsereibe reiben. Kocht das Wasser, die geriebenen Rüben darin kurz blanchieren, sodass sie noch ganz leicht Biss haben.

Das Wasser mithilfe des Deckels abgießen und die Rüben in einer Schüssel beiseitestellen. Im Kochtopf die Butter schmelzen, das Mehl dazugeben und anschwitzen, ohne es zu bräunen. Unter ständigem Rühren die kalte Milch beigeben und die Sauce aufkochen. Mit Salz und frisch gemahlenem Pfeffer würzen. Zum Schluss die Rüben zugeben und mit der Milchsauce mischen. Mit Muskatnuss oder Kümmel abschmecken.

VARIANTE Nicht in Vergessenheit geraten ist der Kohlrabi. Er kann genauso zubereitet werden und schmeckt auch als Mus wunderbar.

FEUERKOCHEN IM ALTEN BÄRENPARK

chillfood

chilifood

Scheinbar Unmögliches haben wir hier möglich gemacht und an einem Ort gekocht, wo sonst nur Bären leben. Ein kulinarisches Erlebnis in einem einmaligen Spannungsfeld von Gericht und Ort.
Der Bärengraben ist ein altes Berner Wahrzeichen. Hier hielt man früher Bären als Wappentier und stellte sie zur Schau. Heute leben die Bären in einer großen Außenanlage am Ufer der Aare. Der alte Bärengraben beherbergt die Tiere nur noch während einer kurzen Zeit, wenn die Außenanlage hergerichtet wird.
Der kleine Graben steht der Öffentlichkeit für Anlässe zur Verfügung. Wir haben mit den Bären die Rollen getauscht und die hohen Mauern von innen erlebt.

KAROTTENSUPPE

Karotten gibt es das ganze Jahr über. Besonders schmackhaft sind sie im Sommer, wenn sie frisch aus der Erde gezogen werden. Wir besorgen sie mitsamt Kraut von unserem Biobauern. Frisch gewaschen, die Wurzeln knackig-orange und morgenfrisch, das Kraut sattgrün und intensiv nach Karotten duftend.

600 g frische Karotten
1 mittelgroße Zwiebel
20 g Butter
1 Prise Zucker
100 ml Weißwein
100 ml Rahm (Sahne)
Zitronensaft nach Belieben
Salz, schwarzer Pfeffer aus der Mühle
Bergkäse, gerieben, nach Belieben
1 unbehandelte Zitrone, etwas abgeriebene Schale

Feuerkochutensilien
Messer
Schneidebrett
Kochtopf (hier diente eine Milchkanne als Topf)
Kochlöffel

Feuerreife
Rotglut

Die Karotten nach Belieben klein schneiden (kleinere Stücke sind schneller gar). Die Zwiebel ebenfalls klein schneiden und in der Butter andünsten. Karotten und Zucker beigeben und bei kleiner Hitze anschmoren, bis es gut duftet. Mit so viel Wasser ablöschen, dass die Karotten gut bedeckt sind, und zugedeckt weich garen. Jetzt kann der Weißwein dazugegeben werden. Die Zugabe von Säure (Weißwein) verlängert die Garzeit; deshalb gibt man bei Wurzelgemüse den Wein immer möglichst spät dazu.

Die Suppe noch einmal aufkochen. Den Rahm dazugeben und mit Zitronensaft nach Wunsch, Salz und frisch gemahlenem Pfeffer abschmecken. Das Karottenkraut fein schneiden und mit etwas abgeriebener Zitronenschale auf die Suppe streuen. Zum Servieren nach Wunsch geriebenen Bergkäse reichen.

VARIANTE Wurzelsuppen bereichern den winterlichen Speisezettel. Ausgezeichnet eignen sich Pastinaken, Petersilienwurzeln, Pfälzer Karotten und Sellerie. Von allen Wurzeln haben Karotten die längste Garzeit und sollten deshalb am kleinsten geschnitten werden. Perfekt passen dazu ein paar Tropfen gutes Haselnussöl und grob gehackte, geröstete Haselnüsse.

SO MACHEN WIR ES Die Suppe muss nicht immer püriert werden. Man kann die Gemüsestücke auch ganz lassen oder für eine bessere Geschmacksentwicklung grob mit dem Kochlöffel zerstampfen. Größere unregelmäßige Gemüsestücke sind für Auge und Gaumen interessant, eine völlig homogene passierte Suppe dagegen eher langweilig.

PASTA MIT KAROTTEN-KRAUTPESTO UND PARANÜSSEN

Normalerweise wird das Kraut der Karotten weggeworfen. Wir verwenden es aber als wertvolle Grundzutat für unser Pesto. Dafür muss das Kraut allerdings in guter Bioqualität verfügbar und ganz frisch sein.

Kraut von 1 frischen Bund Karotten (Bioqualität)
1 Handvoll Paranüsse
2 Knoblauchzehen
1 unbehandelte Zitrone
100 ml Olivenöl
Salz, Pfeffer aus der Mühle

80–120 g Pasta pro Person
frisch geriebener Käse, nach Belieben
Peperoncini, in Ringe geschnitten oder gehackt, nach Belieben

Feuerkochutensilien
Messer
Schneidebrett
Schüssel
Suppenlöffel
Kochtopf mit Deckel
Tasse
Kochlöffel

Feuerreife
Rotglut

Das Karottenkraut waschen, trocken schleudern und fein schneiden. In eine Schüssel geben. Die Paranüsse mit dem Messer fein hacken, den Knoblauch hacken und beides dazugeben. Die Zitronenschale mit dem Messer abschaben und zusammen mit dem Öl in die Schüssel geben. Mit Salz und frisch gemahlenem Pfeffer abschmecken.

Für die Pasta ausreichend Wasser aufsetzen, zum Kochen bringen, gut salzen und die Pasta hineingeben. (Auf 100 g Pasta rechnet man 1 Liter Wasser und 10 g Salz.) Auf keinen Fall Öl ins Kochwasser geben, das verhindert später die Aufnahme der Sauce.

Wenn die Pasta bissfest ist, das Wasser mithilfe des Deckels abgießen; dabei eine Tasse des Kochwassers auffangen.

Das Pesto zur Pasta geben und umrühren. Bei Bedarf noch etwas heißes Kochwasser hinzufügen, bis es schön cremig ist. Nach Belieben frisch geriebenen Käse und Peperoncini dazu reichen.

VARIANTEN Tolle Pestos lassen sich auch aus anderem Kraut herstellen, beispielsweise von Radieschen, Kohlrabi, Randen (Roter Bete), Pastinaken usw., das üblicherweise weggeworfen wird. Auch die Nüsse lassen sich beliebig variieren. Pesto hält sich mit Olivenöl bedeckt gut mehrere Tage im Kühlschrank.

BÄRENTATZENKUCHEN

Im Bärengraben kann es kein anderes Dessert geben als Bärentatzen. Dieses zarte Schokobiskuitgebäck wird normalerweise in Form von kleinen Tatzen gebacken. Wir backen stattdessen den Teig als Blechkuchen. Dieses Rezept ist kein typisches Feuerkochrezept mit wenigen einfachen Zutaten. Es wurde aber so konzipiert, dass das Kochgeschirr sich zum einfachen Kochen im Freien auf ein Minimum beschränken lässt. Der Teig lässt sich auch zu Hause vorbereiten und anschließend vor Ort nur noch feuerbacken. Wenn kein Feuerofen zur Verfügung steht, lässt sich der Teig in kleinen Portionen ähnlich wie die Linzertorte (siehe Seite 90) auf Steinen backen.

300 g dunkle Schokolade
25 g Butter
180 g Zucker
4 Eier
ca. 180 g Mehl
1 Prise Salz
½ TL Backpulver

Feuerkochutensilien
Kochtopf
Feuerhandschuhe
Schüssel
Schneebesen
Kochlöffel
flache Steine bei Bedarf

Feuerreife
Rotglut/schwache Glut

Die Schokolade mit der Butter in einem Topf langsam schmelzen. Dazu den Topf zuerst kurz auf das Feuer stellen und die Schokolade anschließend in der Restwärme abseits vom Feuer schmelzen. Lauwarm abkühlen lassen. Den Zucker mit den Eiern in einer Schüssel mit dem Schneebesen schaumig rühren, die lauwarme Schokoladenmischung zugeben. Mehl, Salz und Backpulver beifügen und glatt rühren.

Wird der Teig auf dem Stein gebacken (und nicht wie sonst auf dem Blech im Backofen), so viel Mehl zugeben, dass er eine feste Konsistenz hat. Den Teig in längliche Röllchen formen, auf die Steine legen und am Feuer unter mehrmaligem Wenden der Steine backen.

FEUERKAFFEE

Ein Kaffee nach dem Essen schmeckt im Freien besonders gut. Und einer vom Feuer erst recht. Soll er stark und kurz sein, machen wir es wie die Italiener und verwenden eine Bialetti-Espressokanne. Die Zubereitung ist einfach, das Resultat fantastisch.
Die Zubereitung des Kaffees sollte bedacht und langsam vor sich gehen. Schießt der Dampf zu heiß durch das Kaffeepulver, kann der Kaffee bitter werden, sein Aroma verlieren und metallisch schmecken.

Wasser
Lieblingskaffeepulver

Feuerkochutensilien
Espressokanne (Bialetti)
Grillrost bei Bedarf
Feuerhandschuhe

Feuerreife
Rotglut/schwache Glut

Den unteren Teil der Kaffeekanne bis zur Markierung mit Wasser füllen. Den Siebhalter bis oben mit Kaffeepulver füllen und dieses zart andrücken, den oberen Teil der Kanne aufsetzen und festschrauben.

Die Kanne auf den Grillrost oder direkt auf die Glut stellen. Darauf achten, dass der Griff nicht heiß wird, sonst kann er schmelzen. Sobald der Kaffee hochsteigt, die Kanne auf kleinere Glut stellen, um die Hitze zu reduzieren. Den Kaffee durchlaufen lassen, bis der Kannenaufsatz voll ist, dann sofort vom Feuer nehmen.

FEUERKOCHEN IM WINTER

Feuerkochen ist zu allen Jahreszeiten möglich, natürlich auch im Winter und erst recht im Schnee. Wir haben im Januar in einem herrlichen alten Bauernhaus aus dem Jahre 1589 gekocht. Drinnen gibt es eine große Feuerküche, eine sogenannte »Rauchküche« mit einem offenen Rauchabzug direkt durchs Dach, die auch als Räucherkammer dient. Draußen massenhaft Schnee.

Charakteristisch für einfache Feuergerichte ist, dass sie oft in nur einem einzigen Kochgefäß zubereitet werden. Und dass anschließend das Gericht direkt aus diesem Gefäß gegessen wird. Wasser ist nicht immer im Überfluss vorhanden, und viel Geschirr abzuwaschen, ist Verschwendung von wertvoller Körperenergie, die an anderen Orten besser eingesetzt werden kann.

ZIMTTEE MIT ZWETSCHGENWASSER

Glühwein im Winter hat eine große Tradition, obwohl er auf dem Gaumen nicht wirklich überzeugt und oft erst mit viel Zucker gut schmeckt. Wir haben stattdessen die alte Tradition des Zimttees wieder ausgegraben. Zimt und Zwetschgen sind eine hervorragende Kombination. Der Schnaps daraus, das Zwetschgenwasser, wird vom Bauern im Nachbardorf gebrannt und ist eine echte Entdeckung. In Anlehnung an den Brauch der Feuerzangenbowle haben wir daraus ein ähnliches Getränk kreiert.

1 l Wasser
5 Stangen Ceylon-Zimt (Bioqualität)
Zucker zum Süßen, nach Belieben
4 Stück Würfelzucker
Zwetschgenwasser (mindestens 42 Volumenprozent)

Feuerkochutensilien
Kochtopf
Absinthlöffel

Feuerreife
Rotglut/reife Glut

Das Wasser im Topf aufkochen. Die Zimtstangen zugeben und etwa eine halbe Stunde ziehen lassen, bis die Flüssigkeit eine schöne rotbraune Farbe hat. Nach Belieben süßen. Nun ist der Zimttee schon genussbereit.

Zur Feuerzangenversion braucht es das Zwetschgenwasser. Dazu wird über das Teeglas ein Absinthlöffel (ein spatelförmiger gelochter oder geschlitzter Löffel, ersatzweise kann auch ein Teelöffel oder eine Gabel verwendet werden) mit einem Stück Würfelzucker darauf gelegt. Den Würfelzucker mit Zwetschgenwasser übergießen und dieses sogleich anzünden. Nun kann man sich am kleinen Flämmchen erfreuen. Der Drink ist fertig, wenn das Feuer erloschen und der Zucker in den Tee hinuntergeschmolzen ist.

SO MACHEN WIR ES Wir bereiten den Tee immer ungesüßt zu. Wer will, kann etwas Zucker beigeben. Die Zimtstange kann dann zum Verrühren des Zuckers verwendet werden.

ZIMT RINDE
Ceylon

WARMES BROT

Einfacher geht es wohl kaum. Ob ganze Brotlaibe oder Brotscheiben, ob frisch oder schon ein paar Tage alt: Alle lassen sich am Feuer schnell aufwärmen und ergeben, in ein Kräuteröl getaucht, einen fantastischen kleinen Imbiss, schmecken zum Aperitif oder als einfache Vorspeise. Im orientalischen Raum taucht man das Brot in Zatar, eine in Olivenöl angerührte Kräuter- und Gewürzmischung, oft mit gerösteten Sesamsamen und Sumach ergänzt.

Brot (zum Aufwärmen eignen sich flache Brote besonders gut)
etwas Wasser zum Befeuchten
getrocknete Kräuter
Olivenöl
Salz

Feuerkochutensilien
Grillrost
Grillzange
Suppenteller oder flaches Schälchen
Esslöffel

Feuerreife
Niedere Glut

Das Brot mit etwas Wasser befeuchten und auf dem Grillrost kurz aufwärmen.

In einem Suppenteller oder flachen Schälchen die Kräuter in Olivenöl anrühren und leicht salzen. Vom warmen Brotlaib Stücke abreißen und in die Kräuterölmischung tunken. Ein auf wunderbare Weise verbindendes Genusserlebnis, wenn alle Gäste vom gleichen Brot abreißen.

FEUER-POPCORN

Popcorn ist ein witziges Feuergericht, das sowohl in der Zubereitung als auch beim Naschen Kleinen genauso wie Großen riesig Spaß macht. Die Zutaten sind einfach. Spannend ist es, mit Ungeduld zu warten, bis der Wasserdampf die ersten Maiskörner zum Explodieren bringt. Unbedingt ausprobieren!

Ca. 2 EL Rapsöl
2–4 EL Popcornmais
(normaler Mais funktioniert für Popcorn nicht!)
Salz oder Zucker nach Belieben

Feuerkochutensilien
1 alter Kochtopf
1 passender Deckel, ersatzweise 1 Küchentuch zum Zudecken des Topfes
Feuerhandschuhe

Feuerreife
Rotglut bis niedere Glut

Das Rapsöl in den Topf geben. Es ist geschmacksneutral und besonders hoch erhitzbar. Der Boden des Topfes muss bedeckt sein. Die Maiskörner in das Öl geben. Den Topf zudecken und direkt auf die Glut stellen. Nach kurzer Zeit beginnen die Maiskörner aufzuspringen und zu platzen. Der Topf wird so lange auf dem Feuer belassen, bis die Knallgeräusche vorbei sind. Zum Ende hin den Topf noch kurz schütteln, um verirrte Maiskörner wieder hinunter auf den heißen Topfboden zu befördern.

Ist der Spuk vorbei und Stille im Topf eingekehrt, nimmt man ihn vom Feuer. Das Popcorn salzen oder zuckern und das Ganze nochmals kurz durchschütteln.

Die gesalzene Variante eignet sich zum Aperitif, die süße als kleine Nascherei nach dem Essen. Und es wird natürlich immer mit den Fingern direkt aus dem Topf gegessen.

PINIENMUSCHELN

An der Atlantikküste Frankreichs in der Charente-Maritime um La Rochelle hat die »éclade de moules« Tradition. Die Muscheln werden direkt am Strand zubereitet und in geselliger Runde gemeinsam gegessen. Oft nimmt das ganze Dorf an diesem Anlass teil. »Éclade« ist von der lokalen Bezeichnung für »Kiefernnadeln« abgeleitet. Muscheln im Schnee erscheinen auf den ersten Blick wohl ziemlich schräg. Auf den zweiten Blick aber sind Muscheln ein typisches Wintergericht in Küstenregionen und daher durchaus passend zu der Jahreszeit. Zudem ist es spannend, an einem ungewöhnlichen Ort ein nicht ortsübliches Gericht zu kochen. Zu dem Muschelgericht passt ein Butterbrot und ein Glas Weißwein.

1 kg Miesmuscheln bester Qualität
Butter
Brot

Feuerkochutensilien
Großes Holzbrett
1 Armvoll Pinienzweige oder auch nur Piniennadeln

Feuerreife
Hier ist keine Feuervorbereitung nötig, das Feuer entsteht über den Muscheln durch das Verbrennen der Piniennadeln.

Die Muscheln werden aufrecht, dicht an dicht, mit der Öffnung nach unten auf einem Brett aufgestellt. Die Ausrichtung der Muschelöffnung nach unten ist wichtig, damit beim Verbrennen keine Asche in die Muscheln gelangt und das Wasser aus den Muscheln abfließen kann. Am besten beginnt man mit einem Kreuz aus Muscheln in der Mitte des Brettes, indem 4 Muscheln in Kreuzform ausgelegt werden. An diese werden dann die weiteren Muscheln spiralförmig aufgestellt.

Über die Muscheln wird ein Haufen Piniennadeln geschichtet und angezündet. Die Nadeln brennen sofort unter großer Hitze und garen so die Muscheln. Diese öffnen sich durch die Hitze des Feuers, und Muschelwasser beginnt auszufließen. Darauf achten, dass die Muscheln gut gar und alle geöffnet sind. Eventuell ist noch zusätzlich ein zweiter Nadelhaufen darüber abzubrennen. Vor dem Genuss die Asche wegblasen. Die Muscheln werden dann mit den Fingern direkt vom Brett gegessen. Die natürliche Würzung der Muscheln durch das Meersalz und durch den Rauchgeschmack ist perfekt.

VARIANTEN Anstelle von Piniennadeln können auch andere Kiefernnadeln, Tannennadeln oder sogar Heu verwendet werden. Bei Tannennadeln besteht allerdings die Gefahr, dass die Muscheln durch die große Hitze verbrennen. Beim Gebrauch von Heu ist eventuell eine zweite Ladung nötig, bis sie gar sind. Und natürlich fehlt dann der Piniengeschmack.

SO MACHEN WIR ES Piniennadeln sind bei uns Mangelware. Wir haben daher immer eine Papiertüte im Auto und sammeln die Nadeln dort auf, wo wir sie finden. Bis zum Gebrauch bewahren wir sie an einem trockenen Ort auf.

FENZ – SENNENGERICHT AUS DEN SCHWEIZER ALPEN

»Fenz« ist eines der ältesten feuergekochten Gerichte aus dem Alpenraum. Die wenigen simplen Zutaten wirken auf Anhieb kaum verlockend. Bis wir das Gericht zum ersten Mal gekocht hatten, konnten wir uns auch nicht vorstellen, wie aus so gewöhnlichen Zutaten ein so schmackhaftes Gericht entstehen kann. Ganz besonders lecker ist die knusprig-cremige Randkruste, die sich so nur an dem durch das Feuer erhitzten Pfannenrand bilden kann. Beim Kochen auf dem Elektroherd ist das nicht möglich. Etwas von dieser raren Kruste zu erhaschen, ist eine Freude. Beim gemeinsamen Essen aus der Pfanne haben sich alle darum gerissen.

250 g Butter
5 gehäufte EL Mehl
½ l Milch
einige Prisen Salz

Feuerkochutensilien
Eisenpfanne
Kochlöffel

Feuerreife
Schwache Glut

Die Butter in der Eisenpfanne schmelzen lassen. Das Mehl zugeben und glatt rühren. Weiterrühren, bis die Masse leicht beige ist. Jetzt die Milch zugießen und wieder glatt rühren, bis sich eine breiartige homogene Konsistenz entwickelt hat. In einem alten Rezept heißt es: »bis der Brei um den Löffel tanzt«. Salzen.

Traditionell wird der Fenz mit dem Löffel direkt aus der Pfanne gegessen, dazu gibt es Kaffee.

SELBST GEMACHTE WURST MIT WILDFENCHEL

Würste sind perfekt geeignet, um weniger beliebte und vermeintlich minderwertige Fleischstücke schmackhaft zuzubereiten und je nach Herstellungsart haltbar zu machen. Bei gekauften Würsten wird es mit dem Inhalt oft nicht so genau genommen. Grund genug, seine Würste selbst herzustellen. Hier zeigen wir Schritt für Schritt, wie einfach es ist, eine gute Wurst ganz ohne Zusatzstoffe selbst herzustellen. Es braucht keine aufwendigen Utensilien, ein passender Trichter genügt vollkommen. Wursthüllen erhält man beim Metzger; gut eignen sich Schweinedärme des Kalibers 28/30.

Für 8 Würste
800 g Schweineschulter
200 g fetter Speck
1 EL wilder Fenchelsamen
4 Knoblauchzehen, gehackt oder durchgepresst
1 EL getrocknete Peperonciniflocken
1 EL Salz
1 TL schwarzer Pfeffer aus der Mühle
200 ml Rotwein
1 Schweinedarm, küchenfertig
kleine, dünne Haselzweige zum Verschließen

Feuerkochutensilien
1 großes scharfes Messer
Schneidebrett
Eisenpfanne
1 Schüssel
Trichter mit großer Öffnung am Hals
Kochtopf

Feuerreife
Rotglut zum Sieden, schwache Glut zum Braten

Zum Verschließen nehmen wir nach althergebrachter Weise kleine Haselstecken vom Strauch im Garten. Bei der Wahl eines anderen Holzes ist darauf zu achten, dass es ungiftig ist. Die Zubereitung mag zunächst etwas aufwendig erscheinen, ist aber ein Erlebnis für sich, das man nicht vergisst. In Italien wird den Würsten oft etwas Fenchel für den Geschmack und zur besseren Verdaulichkeit zugegeben.

RÖSTEN DER FENCHELSAMEN

Wildfenchel erhält eine schmackhafte Note, wenn er auf dem Feuer leicht angeröstet wird. Sobald die Samen in der Pfanne zu tanzen beginnen und fein duften, sind sie fertig. In Italien werden die Samen in Wasser eingelegt, damit sie in der Wurst schön weich sind und beim Essen nicht stören.

HERSTELLEN DER WURSTMASSE

Alle Zutaten natürlich bis auf den Schweinedarm in einer großen Schüssel mischen.
Die Wurstmasse gut durchziehen lassen. Sie kann auch zu Hause vorbereitet und zum Wursten an die Feuerstelle mitgebracht werden.

SCHNEIDEN DES FLEISCHES

Das Fleisch und den Speck zuerst in Scheiben, dann in Streifen und diese schließlich quer in kleine Würfelchen schneiden. Ein großes scharfes Messer und ein gutes Brett sind hier die wichtigsten Werkzeuge. Das fein geschnittene Fleisch kann zuletzt noch mit dem Messer fein gehackt werden, das ist aber nicht zwingend notwendig.

AUFZIEHEN DES DARMS

Den Schweinedarm kurz in einer Schüssel mit kaltem Wasser einlegen. Damit der sehr lange Darm sich beim Verarbeiten nicht verheddert, schneidet man am besten jeweils etwa ein Meter lange Stücke ab; das reicht bestimmt für drei Würste. Den Darm auf den Trichterhals aufziehen; darauf achten, dass er immer gut feucht und damit geschmeidig bleibt.

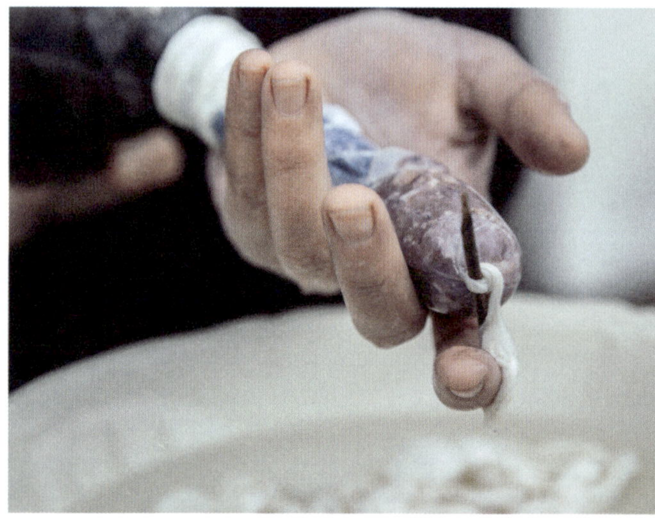

WURST FÜLLEN

Das Wurstbrät in den Trichter füllen und mit den Fingern durch die Öffnung nach unten in den Darm stopfen. Mit der einen Hand hält man Trichter und Darm, mit der anderen wird die Fleischmasse gestoßen. Sobald etwas Wurstbrät im Darm ist, kann das untere Ende bereits mit einem Haselzweig verschlossen werden. Am einfachsten wickelt man das Ende des Darms ein paarmal um das Holz und verdreht es. Nun weiter Wurstbrät einfüllen, bis die Wurst die gewünschte Länge hat. Mit einem kleinen Holzstöckchen verschließen.

SIEDEN

Die Wurst ins kalte Wasser geben und heiß werden lassen, dann etwa 20 Minuten, ohne zu kochen, durchziehen lassen.

BRATEN

Zum Braten kann man die Wurst kurz vorsieden oder sie direkt braten. Bei selbst gemachten Würsten ist der Wasser- und Fettanteil meist geringer als bei gekauften Würsten. Deshalb ist ein Einstechen vor dem Braten kaum nötig.

BOHNEN

Bohnen sind sehr energie- und eiweißreich, leicht im Gewicht und damit gut transportierbar und lassen sich gut aufbewahren. Sie sind ein ideales Wintergericht für draußen und ein guter Begleiter auch zu Wurst. Es gibt unzählige Sorten Bohnen. Wir verwenden hier weiße Riesenbohnen, die im Inneren angenehm mehlig werden.

100 g trockene Bohnen, 12 Stunden in Wasser eingelegt
getrocknete Salbeiblätter
Butter oder Olivenöl
1 Zitrone, Saft
Salz, Pfeffer aus der Mühle

Feuerkochutensilien
Kochtopf mit Deckel
Feuerhandschuhe
Eisenpfanne
Kochlöffel

Feuerreife
Rotglut/schwache Glut

Die Bohnen in frischem ungesalzenem Wasser über dem Feuer zugedeckt weich kochen. (Bohnen und alle Hülsenfrüchte werden erst am Schluss gesalzen.) Große Bohnen brauchen mindestens 1½ Stunden Kochzeit. Mithilfe des Deckels das Kochwasser abgießen.

Die abgetropften Bohnen zusammen mit dem Salbei in der Eisenpfanne in Butter oder Olivenöl schwenken, mit etwas Zitronensaft, Salz und Pfeffer abschmecken.

Darauf legen wir die selbst gemachten Würste (siehe vorangehendes Rezept).

SO GEHT ES NOCH EINFACHER Um Zeit zu sparen, können die Bohnen zu Hause bissfest und später auf dem Feuer fertig weich gegart werden. Nach dem Abkühlen gibt man sie zum Mitnehmen in einen Plastikbeutel.

SO MACHEN WIR ES Neben den weißen Riesenbohnen mögen wir auch die Schwarzaugenbohnen. Sie stehen für Glück und gelten daher in einigen Ländern als traditionelles Gericht an Neujahr.

SELLERIE MIT WINTERGEWÜRZEN

Sellerie ist eine überaus gesunde Knolle, die sich hervorragend für ein eigenständiges Feuergericht oder als Gemüsebeilage eignet. Sobald die Glut schwach ist, können die mit winterlichen Gewürzen gefüllten Knollen daraufgegeben und dann sich selbst überlassen werden.

2–4 Sellerieknollen, je nachdem ob als Hauptgericht oder als Beilage
Salz
Pimentkörner
Pfefferkörner
Wacholderbeeren
Lorbeerblätter
Olivenöl

Feuerkochutensilien
Kochtopf
Messer
Löffel
Mörser mit Stößel
Grillzange

Feuerreife
Schwache Glut

Die Sellerieknollen ungeschält und im Ganzen in Salzwasser etwa 1 Stunde weich kochen. Aus dem Wasser nehmen und etwas abkühlen lassen. Mit einem Messer von oben einen Kegel herausschneiden. Die Kegelspitze abschneiden und am besten gleich essen. Mit dem Löffel den Hohlraum in der Knolle noch etwas vergrößern. Die Gewürze im Mörser leicht zerreiben und in die Knolle geben. Mit Öl auffüllen. Den abgeschnittenen Deckel auf die Öffnung legen und die Knollen ans Feuer schieben. Von Zeit zu Zeit drehen, damit der Sellerie gleichmäßig gar und heiß wird.

SO GEHT ES NOCH EINFACHER Die Knollen zu Hause vorkochen, kühl stellen und so zur Feuerstelle mitbringen.

SCHMORZWIEBELN

In Bologona auf dem »Mercato delle erbe«, dem Kräutermarkt, findet man sie vorgekocht, diese schrulligen Zwiebeln. Von außen erkennt man kaum den im Inneren wartenden Genuss, Spuren von sirupartigem Saft an der Schale lassen ihn erahnen. Man muss die ramponierte Schale aufbrechen und sie zu neuem Leben erwecken. Die Zwiebeln können gut aufbewahrt werden, da sie durch das lange Backen quasi eingemacht und keimfrei sind. Die Schale schützt sie auch nach dem Backen lange vor dem Verderben. Wir geben sie als Beilage zu Fleisch oder zu gebackenen Kartoffeln. Oder mit Essig gesäuert als Topping auf eine Alpenpizza (siehe Seite 232).

4 mittelgroße bis große Zwiebeln

Feuerkochutensilien
Grillzange

Feuerreife
Schwache Glut

Sobald sich die erste Glut gebildet hat, legt man die Zwiebeln in die Randzone des Feuers. Dies sollte so früh wie möglich geschehen, da es rund 2 Stunden dauert, bis die Hitze die vielen Schichten bis ins Zwiebelherz durchdrungen hat.

SO GEHT ES NOCH EINFACHER Schmorzwiebeln können auch bestens im Ofen vor- und am Feuer fertig gebacken werden. Im Ofen benötigen sie bei 200 Grad etwa 2 Stunden Garzeit, ein Zeitaufwand, der sich kulinarisch aber lohnt. Am besten backt man gleich ein ganzes Blech voll. Gegessen werden sie auf jeden Fall.

SO MACHEN WIR ES Wir lieben die archaische Variante und geben die Zwiebeln direkt auf die Glut. Sie werden schnell schwarz. Das ist Absicht und muss so sein. Wir drehen sie nach etwa zehn Minuten um und lassen sie weiter auf der Glut schmoren. Sie sind gar, wenn sich ein kleines Messer praktisch ohne Widerstand einstechen lässt.

»KUHFLADEN« MIT SCHMORZWIEBELN UND HEISSEM KÄSE

Mit geschmolzenem Käse belegte Scheiben Brot gibt es in vielen Variationen im Alpenraum – etwa als Käseschnitte oder «Chäsbrägu«. Wegen der ähnlichen Zusammensetzung und weil sie so unverschämt gut schmeckt, nennen wir sie auch unsere »Alpenpizza«. Um die Süße des Käses etwas zu kompensieren, passen Schmorzwiebeln mit Essig besonders gut dazu.

Schmorzwiebeln (siehe Seite 231)
oder sauer eingelegtes Gemüse
Apfelessig
Salz
1 möglichst flacher Brotlaib
etwa 4 Scheiben Raclettekäse (ca. 400 g)
Weißwein

Feuerkochutensilien
Messer
Schüssel
Grillzange
Brett
Eisenpfanne
Kochlöffel

Feuerreife
Schwache Glut

Die Schmorzwiebeln häuten und in Stücke reißen, mit Apfelessig und etwas Salz würzen. Den ganzen Brotlaib quer halbieren und ganz wenig der weichen Brotkrume herausklauben, damit eine kleine Vertiefung für den Käse entsteht. Beide Brothälften mit der Schnittseite nach unten sehr kurz direkt auf die Glut legen oder über dem Feuer leicht antoasten. Auf dem Brett bereitlegen.

Den Käse entrinden, in Scheiben schneiden und in der Pfanne schmelzen. Darauf achten, dass der Käse nicht zu heiß wird, sonst setzt sich das Fett zu stark ab.

Sobald der Käse geschmolzen ist, etwas Weißwein über das Brot träufeln. Den geschmolzenen Käse direkt aus der Pfanne auf dem Brot verteilen und die sauren Schmorzwiebeln daraufgeben. Von Hand direkt vom Brett essen.

GEBRANNTER HASELNUSSRAHM

Die für Panna cotta üblicherweise verwendete Gelatine haben wir für diese davon inspirierte Variante weggelassen. Es geht ganz wunderbar ohne. Die gerösteten Haselnüsse machen dieses Gericht unwiderstehlich gut.

100 g Haselnusskerne
250 ml Vollrahm (Sahne)
25 g Zucker
½ Vanillestange, längs aufgeschlitzt
(am besten Tahiti-Vanille, es lohnt sich!)

Feuerkochutensilien
Kochtopf
Holzscheit
Kochlöffel

Feuerreife
Schwache Glut

Die Haselnüsse in einem Topf unter ständigem Wenden anrösten. Dies braucht etwas Aufmerksamkeit, da die Nüsse leicht verbrennen und dann bitter werden. Sobald die braunen Häutchen aufspringen, sind sie ausreichend geröstet. Die Nüsse vollständig auskühlen lassen, dann zwischen den Händen reiben, um die braune Haut zu entfernen.

Die geschälten Nüsse zurück in den Topf geben und mit einem Holzscheit zerkleinern. Alle weiteren Zutaten in den Topf geben und bei kleinstem Feuer köcheln lassen, bis der Rahm eine dickflüssige Konsistenz annimmt. Darauf achten, dass das Feuer klein genug ist, der Rahm brennt sonst schnell an, was das Gericht verderben würde.

Vom Feuer nehmen, abkühlen lassen (wir haben dazu den heißen Topf in den Schnee gestellt) und lauwarm direkt aus dem Topf genießen.

ALPENKAFFEE

Dies ist die einfachste Art, Kaffee zu machen. Es braucht nur wenig Kochequipment, und der Kaffee schmeckt einfach gut. Bei unserer Reise durch Palästina haben wir einem Straßen-Kaffeeverkäufer bei der Zubereitung zugeschaut und bei ihm besten arabischen Kaffee mit Kardamom getrunken. Für diese Zubereitungsart ist ein sehr fein gemahlener Kaffee der Sorte Arabica gut geeignet. Man erhält ihn in orientalischen Geschäften. Für einen weniger bitteren Kaffee eignen sich hell bis mittel geröstete Sorten. Da dieser Kaffee durch die Zubereitungsart mehr Bitterstoffe abgibt als normaler Kaffee, wird er traditionell mit Zucker und Gewürzen wie Kardamom oder Nelke gewürzt.

Für einen eher milden Kaffee pro Kochtopf
1 l Wasser
ca. 6 Kardamomkapseln
1 bis mehrere Esslöffel fein gemahlener Kaffee
Zucker nach Belieben

Für starken Espresse pro Espressotasse
1 Kardamomkapsel
1 gehäufter TL Kaffeepulver
1 Stück Würfelzucker

Feuerkochutensilien
Kochtopf
Feuerhandschuhe

Feuerreife
Rotglut

Das Wasser über dem Feuer erhitzen. Die Kardamomkapseln mit einem Stein leicht anknacken. Wenn das Wasser kocht, vom Feuer nehmen und etwa 30 Sekunden abkühlen lassen. Das Kaffeepulver zugeben und wieder auf das Feuer stellen. Kurz bevor der Kaffee aufzukochen beginnt, vom Feuer nehmen. Den Schaum setzen lassen und den Kardamom dazugeben. Nochmals auf das Feuer geben und wieder kurz vor dem Aufkochen vom Feuer nehmen. Abkühlen lassen, bis sich das Kaffeepulver abgesetzt hat. Vorsichtig ohne den Bodensatz in die Tassen gießen. Zuckern nach Geschmack.

SO MACHEN WIR ES Statt den Kaffee zu süßen, essen wir zum Kaffee gerne eine Dattel oder eine andere süße Dörrfrucht. Und wenn wir beim Kaffeetrinken eine Kardamomkapsel erwischen, behalten wir sie lange im Mund und kauen zwischendurch ganz leicht darauf herum. Kardamom fördert die Aktivität des Gehirns und ist daher ein vorzügliches Mittel zur Steigerung der Konzentration.

WURST AM STECKEN

Die Wurst wird hier über einem in der Feuerschale entfachten Feuer gebraten. Feuerschalen eignen sich gut, um auch an Orten, an denen es keine Feuerstelle für offenes Feuer gibt, oder im Winter auf Schnee ein Feuer zu machen. Beim Braten von Würsten am Feuer entsteht immer eine Rangelei um den idealen Platz: Brät man die Wurst über der offenen Flamme, verbrennt sie und wird schwarz, über zu kleiner Glut bleibt sie kalt.

4 Cervelats, ersatzweise Bockwurst, Rote Wurst

Feuerkochutensilien
4 Holzstecken, nicht zu dick und nicht zu dünn, etwa 1,5 Meter lang. Darauf achten, dass es ungiftiges Holz ist (gut eignen sich z. B. Haselnuss, Buche, Esche, Birke oder Eiche; giftig sind Eibe, Stechpalme, Buchs, Holunder oder Kirschlorbeer).

Feuerreife
Alle Feuerarten

Die Wurst wird an den beiden Enden kreuzweise eingeschnitten, so tief, dass in der Mitte genügend Platz bleibt, um sie aufzuspießen. Die Wurst wird nun von allen Seiten möglichst gleichmäßig gebraten, bis sie außen eine ansprechende Farbe hat und innen gut heiß ist.

VARIANTEN Als vegetarische und vegane Variante kann man auf die gleiche Art einen Apfel am Feuer braten. Am besten den Holzstecken beim Aufspießen des Apfels etwas drehen, damit sich der Apfel nicht spaltet. Gut eignen sich säuerliche und weich kochende Apfelsorten wie Boskoop und Braeburn, es gehen aber auch alle anderen Apfelsorten.

COLAVITA

ANHANG

Maß- und Mengenangaben

Beim Feuerkochen verwenden wir keine Waage und kein Thermometer. In unseren Rezepten ist die genaue Einhaltung von Maß- und Mengenangaben nicht so wichtig. Sie gelten lediglich als Orientierungshilfe. Alle Angaben sind ungefähr.

1 Handvoll Paranüsse: 50 g
1 Handvoll Zucker: 40 g
1 Schuss Wasser: 50 ml oder 5 EL
1 EL Mehl, gehäuft: 18 g
1 EL Zucker, gehäuft: 16 g
1 EL Salz, gehäuft: 19 g
1 TL Salz, gehäuft: 9 g
1 TL Salz, gestrichen: 6 g
1 EL Butter: 15–20 g
1 EL Milch: 12 g
1 EL Olivenöl: 10 g
1 Handvoll Kräuter, gehackt: 20 g

Unsere wichtigsten Grundzutaten

Wir haben in unseren Rezepten bewusst auf eine allzu große Zutatenvielfalt verzichtet und uns auf wenige gute Grundzutaten beschränkt, die meist im Haushalt verfügbar sind. Beim Kauf dieser Zutaten lohnt es sich, ein paar Dinge zu beachten.

Salz
Die chemische Formel für Salz ist Na+Cl-, also Natriumchlorid. Etwa dreißig Prozent des Weltverbrauchs von Speisesalz deckt Meersalz ab, das, wie der Name schon sagt, durch Verdunstung des Meerwassers unter Sonneneinstrahlung aus dem Meer gewonnen wird (in Europa etwa in der Bretagne, Camargue und Algarve).
Die restlichen siebzig Prozent sind Steinsalz, das in Salzlagerstätten unter Tage abgebaut wird (beispielsweise Hallein im Salzburger Land oder Berchtesgaden und Bad Reichenhall in Oberbayern).

Von modischen Varianten wie rosa Himalajasalz oder schwarzem Hawaiisalz (unter dessen dünner Kohlenstoffschicht sich übrigens ganz gewöhnliche Salzkristalle verbergen) halten wir nichts. Denn Salz schmeckt nach Salz, egal woher und welche Sorte; Art und Herkunft des verwendeten Salzes lassen sich aus einem Gericht nicht herausschmecken.

Wir haben in unserer Feuerküche zwei Sorten Salz in Gebrauch: ein feinkörniges Stein- oder Meersalz und Salzflocken. Da natürliches Fleur de Sel mit Mikroplastikteilen verunreinigt sein könnte, verwenden wir lieber anders gewonnene Salzflocken.

Folgende Aspekte sind bei der Verwendung von Salz zu beachten:

Salzform

Salz ist kristallförmig, wobei je nach Ursprung und Raffinerieverfahren die Salzkristalle unterschiedlich ausgebildet sind. Es gibt vom rieselfähigen Kochsalz über Fleur de Sel in Flockenform bis zum groben Meersalz unzählige Formen.

Die feinkörnige Form ist gut geeignet zum Salzen von Wasser, Saucen oder Saucengerichten. Sie löst sich durch die kleinen Kristalle schnell auf, ist gut dosierbar und günstig im Einkauf.

Grobes Meersalz ist eine gute Alternative zum feinkörnigen Salz. Es ist allerdings durch die grobe Struktur nicht genauso homogen über den Speisen zu verteilen wie feines Salz. Da es aufgrund seiner großen Kristalle ein anderes Volumen einnimmt als das feine Salz, ist die Dosierung anzupassen. Es dauert auch etwas länger, bis die großen Salzkristalle aufgelöst sind. Allzu große Salzkristalle können manchmal beim Essen unangenehm als Fremdkörper wirken.

Salzflocken gibt es in natürlicher Form als Fleur de Sel oder als künstlich hergestellte Flocken. Sie ergeben interessante Effekte beim Würzen beispielsweise von geschmorten Tomaten, geräuchertem Fisch oder gebratenem Fleisch. Erwischt man eine Flocke oder einen Teil davon, explodiert der Geschmack auf der Zunge und bildet einen Kontrast zum nächsten salzlosen Bissen. Aufgrund des relativ hohen Preises verwenden wir dieses Salz nur ausnahmsweise.

Salzzusätze

Dem Salz werden handelsübliche Jod- und Fluorzusätze, Rieselhilfen oder auch Mineralien zugefügt. Wir finden keine davon nötig und verwenden Salz ohne alle Zusätze.

Salzdosierung

Wir salzen beim Feuerkochen generell zurückhaltend, außer bei Nudelkochwasser und bei Fleisch.

Als altbekannte Faustregel beim Kochen von Nudeln gilt: pro 100 Gramm Pasta 1 Liter Wasser und 10 Gramm Salz. Das Salz sollte in das kochende Wasser gegeben werden, kurz vor dem Hinzugeben der Teigwaren. Wird das Salz von Anfang an zugegeben, können eiserne Kochgefäße korrodieren, was sich als brauner Rost zeigt.

Auch Fleisch soll man immer großzügig, beinahe verschwenderisch salzen. Die Erfahrung zeigt, dass in der Regel zu wenig, zu zurückhaltend gesalzen wird. Salz holt den Geschmack aus dem Fleisch heraus. Im Vergleich aber zu all dem Salz, das wir mit industriell hergestellten Esswaren tagtäglich zu uns nehmen, ist die kleine Mehrmenge auf dem Fleisch unbedeutend. Nach unserer Erfahrung bringt eine Fünf-Finger-Prise anstatt der zaghaften Drei-Finger-Prise die richtige Menge Salz auf das Fleisch.

Salzzeitpunkt

Es kann grundsätzlich vor, während oder nach dem Garen gesalzen werden. Beim Fleisch salzen wir je nach Kristallgröße etwa 1 Minute (bei großen Salzkristallen auch etwas länger) vor dem Braten oder Grillen. Die Salzkristalle müssen genügend Zeit haben, um sich durch das aus dem Fleisch diffundierte Wasser aufzulösen. Linsen und Hülsenfrüchte hingegen salzen wir immer nach dem Kochen, da Salz Hülsenfrüchte langsamer garen lässt.

Schwarzer Pfeffer

Schwarzer Pfeffer *(Piper nigrum)* entsteht durch Trocknung aus der grünen unreifen Pfefferfrucht. Er hat durch seinen wichtigsten scharfmachenden Inhaltsstoff Piperin eine fantastische warme Würzeigenschaft. Piperin hat außerdem die hervorragende Eigenschaft, die Bioverfügbarkeit der Inhaltsstoffe der anderen Zutaten im Gericht massiv zu erhöhen. Allein aus diesem Grund sollte eigentlich jedem Gericht frisch gemahlener schwarzer Pfeffer beigegeben werden. Wir mahlen ihn immer frisch aus der Mühle, der Aufwand, immer eine Pfeffermühle mitzunehmen, lohnt sich auf jeden Fall.

Weißer Pfeffer entsteht aus der reifen roten Pfefferfrucht, früher durch langes Wässern in fließendem Wasser, heute durch chemische Verfahren. In der klassischen französischen Küche wird er aus ästhetischen Gründen in weißen Gerichten zum Würzen verwendet. Da wir den Geschmack von weißem Pfeffer persönlich nicht schätzen, nehmen wir auch für helle Gerichte ausschließlich schwarzen Pfeffer.

Knoblauch

Guten Knoblauch zu bekommen, ist schwierig. Der beste Knoblauch ist nämlich nicht der mit den größten und prallsten Knollen und auch nicht der mit der rosarotesten Farbe. Der beste Knoblauch zeichnet sich durch einen betörend guten Duft und frischen Geschmack aus.

Alle frisch geernteten Knoblauchknollen müssen langsam an der Luft gemächlich von außen nach innen trocknen. Erst wenn die Knolle bis zum Kern vollständig trocken ist, ist sie haltbar. Um wertvolle Zeit und Kosten zu sparen, werden heute Knoblauchknollen schnell getrocknet, in große Säcke verpackt und transportiert. Da die Zeit zum vollständigen Durchtrocknen fehlt, beginnt durch die Restfeuchtigkeit ein Prozess, der den Knoblauch schimmeln und muffig nach Keller riechen lässt. Muffiger Knoblauch kann ein ganzes Gericht ruinieren. Deshalb ist man gut beraten, den Knoblauch vor dem Kauf genau zu prüfen: Anritzen mit dem Fingernagel und prüfen mit der Nase genügt.

Der beste Knoblauch ist der ganz frische, ungetrocknete, der auch mit Sicherheit von jedem Schimmel noch verschont geblieben ist. Auch mit chinesischem Knoblauch haben wir recht gute Erfahrungen gemacht.

Chili

Chilis oder italienisch Peperoncini sind aus unseren Feuergerichten nicht wegzudenken. Sie gehören bei uns dazu und geben auch im Topf das notwendige Feuer.

Chilis gibt es in den unterschiedlichsten Variationen, die aber alle zur Familie der Nachtschattengewächse der Gattung *Capsicum* gehören. Sie stammen ursprünglich aus Südamerika und sind durch Zucht in Form, Farbe, Geschmack und Schärfe in Tausenden von unterschiedlichen Sorten erhältlich. Sie werden frisch, getrocknet, ganz oder gemahlen, als Gemüse oder als Gewürz verwendet.

Die Schärfe der Chilis wird in Scoville-Einheiten angegeben. Diese bezeichnen die Verdünnung, bei der die Schärfe gerade noch bemerkbar ist. Die Skala reicht von 0 Scoville (nicht scharf) bis 16 Millionen Scoville (reines Capsaicin). Durch ihren unterschiedlichen Gehalt an Capsaicin sind die *Capsicum*-Früchte unterschiedlich scharf: von nicht scharf, wie die Paprikaschote (bei ihr wurde die Schärfe weggezüchtet und der Fleischanteil hinzugezüchtet), bis schmerzhaft-tödlich scharf, wie bei neuesten Züchtungen, zum Beispiel »Dragon's Breath« (2,4 Millionen Scoville-Einheiten) – ein Trend, den wir als unsinnig betrachten. Zum Vergleich haben die von uns verwendeten Peperoncini aus Kalabrien eine Schärfe von 15 000 bis 30 000 Scoville-Einheiten.

Das Capsaicin befindet sich in erster Linie in den Scheidewänden im Inneren der Früchte und nicht wie oft fälschlicherweise oft gesagt in den Samen. Die Samen sind nur an der Stelle etwas scharf, wo sie an der Scheidewand angewachsen sind. Die Schärfe der Chilis lässt sich von außen kaum zuverlässig beurteilen. Kleine Schoten sind tendenziell schärfer als große.

Capsaicin erhöht die Durchblutung der Schmerzknospen auf der Zunge und verbessert damit auch das Empfinden der anderen dort angesiedelten Geschmacksknospen. Der Genuss von Capsaicin hat auch zur Folge, dass der Körper Endorphine ausschüttet.

Limette

Limetten gibt es als Gewöhnliche Limette *(Citrus × latifolia)* oder als Echte Limette *(Citrus × aurantiifolia)*. Die Echte Limette ist kleiner (tischtennisballgroß), enthält viele Samenkerne und wird bei Reife gelb. Beide Sorten sind bei uns im Handel. Es gibt Limetten mit Saft und solche ohne Saft. Zeichen guter, saftiger Früchte sind eine glatte Oberfläche, hellgrüne bis fahlgelbe Stellen an der Schale und in der Konsistenz leicht weichfedernd. Dunkelgrüne, schrumpelige Limetten sind noch nicht genügend reif, deshalb saftlos und spröde.

Die Bezeichnung »Limette« stammt aus dem Französischen und bedeutet »Kleine Limone« (= Zitrone). Sie werden heute zum Teil auch als Limonen bezeichnet, der ursprüngliche Name für Zitronen.

Limetten sind ein Zaubermittel der Kulinarik. In Kombination mit anderen Früchten wirken sie wahre Wunder. Jede Frucht schmeckt durch einen Spritzer Limettensaft um Klassen besser und intensiver. Ob Papaya, Apfel, Banane oder Birne, etwas Limettensaft verleiht jeder Frucht und fast jedem Gericht eine weitere Dimension.

Zitrone

Zitronen sind ein vielseitig einsetzbares und von allen geliebtes Würzmittel beim Feuerkochen. Sie lassen sich einfach und praktisch überallhin mitnehmen; ihr Saft ist von Natur aus gut verpackt durch die feste Schale und ein idealer Säurelieferant. Zudem eignet sich auch die Schale, geschnitten, geschabt oder gerieben, als guter Geschmacksgeber und Geschmacksverstärker. Die bittere weiße Schicht unter der gelben Schale wird dabei nicht mitverwendet. Beim Abschmecken von Gerichten passiert es oft, dass etwas fehlt. Es ist nicht Salz, und es ist nicht Schärfe. Probieren Sie es mit etwas Zitronensaft oder etwas Zitronenabrieb. Das ist meistens die Lösung.

Eingemacht als Salzzitronen, eignen sich Zitronen auch zum Würzen von orientalischen Gerichten (siehe Rezept Seite 84).

Wir achten beim Kauf von Zitronen auf Bioqualität. Solche Früchte sind geschmacksintensiver und im Aroma frischer, auch wenn ihr Aussehen oft nicht der Norm entspricht.

Gewöhnliche Limette, links eine saftige Frucht, rechts eine mit wenig Saft.

GLOSSAR

ANSCHWITZEN Kurzes Garen von Gemüse bei geringer Hitze in wenig Fett. Das Gemüse gart dabei etwas und »schwitzt« seinen Saft aus.

AROMA Als Aroma wird ein spezifischer Geruch und/oder Geschmack bezeichnet, der durch chemische Stoffe oder Stoffgemische hervorgerufen wird. In der Natur wurden bisher etwa zehntausend Aromastoffe identifiziert.

BELDI-ZITRONEN Süße Zitronenart, wird in Marokko für Salzzitronen (siehe Seite 84) verwendet. Ihr botanischer lateinischer Name lautet *Citrus limonum* Risso var. *pusilla* R. Es gibt sie, bereits eingelegt in Gläsern, in Geschäften mit orientalischen Spezialitäten zu kaufen.

BIOVERFÜGBARKEIT Die Bioverfügbarkeit ist eine pharmakologische Messgröße für den Anteil eines Wirkstoffes, der unverändert im systemischen Kreislauf (speziell im Blutkreislauf) zur Verfügung steht.

BLANCHIEREN Kurze thermische Behandlung von Lebensmitteln (vor allem Gemüse, Pilze, eventuell auch Fleisch) in siedendem Wasser oder heißem Wasserdampf. Die Bezeichnung stammt vom französischen »blanchir«, was wörtlich »weiß machen« bedeutet und daher kommt, dass Fleisch dabei weiß wird.

CERVELAT Typische Schweizer Brühwurst, die in vielfältiger Form gegessen wird, zum Beispiel als Wurstsalat, kalt mit Senf oder gegrillt mit eingeschnittenen Enden. Jeder Schweizer isst im Durchschnitt 21 Cervelats pro Jahr.

CHORIZO Von der Iberischen Halbinsel stammende pikante Rohwurst aus Schweinefleisch mit viel Paprika und daher scharfem Geschmack und rötlicher Färbung.

CHUTNEY Würzige süßsaure, cremige und gerne scharfe dicke, musartige Sauce, ursprünglich aus der indischen Küche. Sie wird aus reifen oder unreifen Früchten oder Gemüsen zubereitet und gibt Gerichten eine exotische Note.

DUTCH OVEN Dreibeiniges gusseisernes Gefäß, unter diesem Namen seit dem 18. Jahrhundert vor allem in den USA und in Australien zum Braten und Backen am offenen Feuer verwendet. Die Besonderheit daran ist, dass der Deckel für eine Hitzeeinwirkung von oben mit Kohle belegt werden kann.

FLACHWOK Einem Wok ähnliches, nur weiter geöffnetes und dadurch flacheres Kochgerät. Eigentlich ist es eine Fläche, die durch eine leichte Wölbung verhindert, dass die Flüssigkeit nach außen wegfließen kann.

GAREN Garen besteht in der Behandlung von Lebensmitteln mit Wärme. Durch die Wärmeeinwirkung werden Geschmack, Konsistenz, Verdaulichkeit und/oder die gesundheitliche Wirkung verändert.

GERBSTOFFE Auch Tannine genannt, kommen häufig in Pflanzen vor und schützen diese vor Fäulnis. Die chemischen Stoffe wurden zum Gerben von Tierhäuten verwendet, daher der Name. Sie spielen eine große Rolle in der Pflanzenheilkunde und haben die physiologische Eigenschaft, dass sie Eiweißstoffe der Haut binden und ausfällen. Gerbstoffe sind in Tees und Wein für den herben Geschmack mitverantwortlich.

GERUCH Der Geruch ist die Interpretation der Sinneswahrnehmungen, die von den Chemorezeptoren der Nase an das Gehirn übermittelt werden. Der Mensch soll über eine Billion Gerüche unterscheiden können.

GESCHMACK Im engeren Sinn wird als Geschmack das subjektiv erfahrene Erlebnis von Empfindungen des Schmeckens bezeichnet, das durch Reizung spezifischer Sinnesorgane wie der Geschmacksknospen hervorgerufen wird. Im weiteren Sinn wird unter Geschmack ein komplexer Sinneseindruck bei der Nahrungsaufnahme verstanden, der durch das multimodale Zusammenspiel von Geruchssinn und Geschmackssinn sowie Tastsinn, Temperatur- und Schmerzempfinden entsteht.

GEWÜRZE Enthalten natürliche Geschmacks- und Geruchsstoffe und bestehen immer aus Pflanzenteilen, zum Beispiel Wurzeln, Rinde, Blätter, Blüten, Blütenstaub, Früchte, Saft oder Samen. Sie werden als geschmacksgebende Zutaten in Speisen und Getränken verwendet.

GHEE Nach unterschiedlichen Verfahren hergestellte geklärte Butter der indischen und pakistanischen Küche.

GLUTAMAT Salze und Ester der Glutaminsäure. Das in der Lebensmittelindustrie am meisten verwendete Salz ist das Mononatriumglutamat E621, umgangssprachlich vereinfacht Glutamat genannt. Es wird als Geschmacksverstärker in Lebensmitteln eingesetzt. Es kommt natürlich vor, zum Beispiel in Fleisch, Käse, Sardellen und Tomaten, kann aber auch künstlich hergestellt werden. Es ist Hauptbestandteil von Suppen und Fertiggerichten und hilft der Industrie, natürliche Zutaten und den Aufwand für deren Verarbeitung einzusparen. Die durch Glutamat verstärkte Geschmacksrichtung wird als »Umami« beschrieben, was vollmundig oder wohlschmeckend heißt. Viele Menschen reagieren mit Unverträglichkeiten auf Glutamat.

HOLZSCHEIT Ein gespaltenes Stück Brennholz.

INJERA Traditionell in Äthiopien und Eritrea auf einer Tonplatte gebackenes weiches, gesäuertes Fladenbrot aus Teffmehl (Zwerghirse). Es ist glutenfrei.

KADAI Auch Karahi Kadai genannt. Eine wokähnliche Pfanne mit zwei Griffen, früher handgeschmiedet.

KARAMELLISIEREN Werden Zucker oder zuckerhaltige Oberflächen trocken erhitzt, entstehen oxidierte und kondensierte Reaktionsprodukte.

KHORKHOG Mongolische Kochmethode mit heißen Steinen, in einem geschlossenen Gefäß, oft einer Milchkanne angewendet. Durch die heißen Steine entsteht Dampf, der das in das Gefäß mit eingefüllte Schaffleisch und Gemüse gart.

KOCHTOPF Gefäß zum Garen von Speisen. Früheste Zeugnisse dafür stammen aus der Jungsteinzeit. Um es besser anfassen zu können, ist das Gefäß mit ein oder zwei Henkeln versehen.

LAFFE Der vordere, gebogene Schöpfteil des Löffels, die Löffelschale. Laffe bedeutet eigentlich »Lippe«.

LUGANIGHE Tessiner Schweinswürste mit Zimt- und Nelkennote. Sie lassen sich sieden oder braten.

MAILLARD-REAKTION Im Gegensatz zum Karamellisieren ist die Maillard-Reaktion eine nicht-enzymatische Bräunungsreaktion, die beispielsweise beim Frittieren und Braten von Lebensmitteln geschieht. Es handelt sich dabei nicht um eine einzelne bestimmte chemische Reaktion, sondern um ein komplexes Geschehen vieler sowohl nebeneinander als auch nacheinander ablaufender Reaktionen.

OLEOGUSTUS Vermutete sechste Geschmacksrichtung für fettig, neben den bekannten Geschmacksrichtungen süß, sauer, bitter, salzig und umami.

PEPERONCINO Italienische Bezeichnung für Chili; in der Regel sind damit die etwas größeren, milderen Sorten gemeint.

PFANNE Metallenes, im Gegensatz zum Topf flacheres Kochgeschirr, das zum Braten verwendet wird.

PITABROT Von Griechenland über die Türkei bis zum Nahen Osten verbreitetes, etwas dickeres, weiches Fladenbrot aus Hefeteig. Es wird, mehrmals täglich frisch gebacken, als Beilage zu fast allen Mahlzeiten gereicht. In der Türkei Pide genannt.

ROHROHRZUCKER Nur teilweise raffinierter Zucker aus Zuckerrohr mit einem kleinen Anteil an Melasse, die für die leicht bräunliche Farbe verantwortlich ist.

ROHRZUCKER Aus der Zuckerrohrpflanze *(Saccharum officinarum)* gewonnener Zucker.

RÖSTI Kartoffelspezialität der Deutschschweizer Küche. Ein Kartoffelfladen aus grob geriebenen gekochten oder rohen Kartoffeln, der mit Butter beidseitig in einer schweren Eisenpfanne knusprig gebraten wird.

RÖSTIREIBE Küchenreibe mit groben Schneidelöchern, unter anderem zum Reiben von rohen oder gekochten Kartoffeln, zum Beispiel für eine Rösti, gebraucht.

SAUTIEREN Garmethode, bei der das Gargut bei hohen Temperaturen (120–240 Grad Celsius) in der offenen Pfanne mit hohem Rand (der sogenannten Sauteuse) gebraten wird. Es wird nur so wenig Gargut in die gefettete Pfanne gegeben, dass es in einer Schicht nebeneinander liegen kann. Das Wenden des Garguts erfolgt durch Schwenken der Pfanne.

SCHWELEN Langsames Brennen ohne Flamme unter Rauchentwicklung.

SIZZLING Garmethode, bei der das Fleischstück ganz kurz (unter einer Minute) über extremer Hitze angegrillt wird, um dann bei moderater Hitze fertig zu garen. Bei dieser Methode entstehen an der Oberfläche schnell Röstaromen, ohne dass das Fleisch im Innern gegart wird.

SMEN Fermentierte gesalzene Butter der nordafrikanischen Küche, ähnlich dem indischen Ghee.

SUMACH Im Mittelmeergebiet heimischer strauchartiger Baum, auch Färberbaum genannt. Das Fleisch der Steinfrüchte wird abgeschabt und getrocknet und ist als säuerliches Gewürz in der orientalischen Küche beliebt.

TANGIA Bezeichnung für ein vasenartiges Terrakottagefäß (auch Tanjia geschrieben), in dem nach marokkanischer Tradition in der Asche des großen Hammam-Feuers Eintopfgerichte über lange Zeit geschmort werden. Ebenso Bezeichnung für das darin bereitete Gericht. Verwandt mit der bekannten ebenfalls marokkanischen Tajine oder Tagine.

SAÇ In der türkischen Küche verwendetes flaches Blech oder flache Eisenblechpfanne, in der auch die türkische Spezialität »Saç kavurma« gekocht wird, ein traditionelles Gericht aus Lammfleischstücken, Zwiebeln und Paprika. Wird direkt in dem Blech/der Pfanne serviert.

UMAMI 1909 von einem Japaner als fünfte Geschmacksrichtung neben süß, sauer, salzig und bitter entdeckter Geschmack. Wird als wohlschmeckend und vollmundig beschrieben und wird typischerweise auch durch glutamathaltige Lebensmittel erzeugt.

WOK Hohe, durchgängig gewölbte Pfanne. Sie ist in der chinesischen und in der süd- und südostasiatischen Küche das wichtigste Küchenutensil. Wir verwenden kantonesische Woks.

WOK-HEI Bezeichnung für typischen Geschmack, Geruch und Aroma, die einem Essen verliehen werden, wenn es unter Einfluss hoher Temperaturen oberhalb der 200-Grad-Grenze in einem Wok zubereitet wird. Der Ausdruck kann sinngemäß mit »Wok-Aroma« übersetzt werden. Um den speziellen Geschmack zu erreichen, muss das Essen in einem eingebrannten Wok unter ständiger Bewegung umgerührt (pfannengerührt) und in sehr kurzer Zeit gegart werden. Für Wok-hei verantwortlich sind Prozesse des Karamellisierens und die Maillard-Reaktion.

WÜRZSTOFFE Würzstoffe oder Würzmittel sind Stoffe nichtpflanzlichen Ursprungs zum Würzen von Speisen und Getränken, zum Beispiel Salz, Glutamat, Essig, Honig.

REZEPTVERZEICHNIS

monika di muro

AUTORIN, AUTOR, FOTOGRAFIN

Monika Di Muro

Geboren 1968. Berufliche Arbeit mit Kindern und Jugendlichen, dabei Spezialisierung auf gemeinsames Kochen und Essen in nichtalltäglichen Situationen. Gleichzeitig langjährige Olivenmarktfrau in Bern und Solothurn. Sensibilisierung für die Wertschätzung von Genussprodukten. Ihre Kraft liegt in der bescheidenen Ruhe aus dem Hintergrund.

Chris Bay

Geboren 1960. Maschinenbau-Studium und Doktorat der technischen Wissenschaften an der ETH Zürich. Hat auf weltweiten Foodmärkten beim Feuerkochen mit Einheimischen in über 80 Ländern Esskultur erlernt und seinen Geschmack geschärft. Aufbau von Detailwissen und Entwicklung einer unerschöpflichen kulinarischen Kreativität. Unerschrocken und ohne den Aufwand zu scheuen, geht er dabei an die Grenzen des Machbaren.

Gemeinsam führen Monika Di Muro und Chris Bay die Firma *chillfood* mit Feuerkochanlässen und Feuerkochschule in der ganzen Schweiz und im Ausland.
www.chillfood.ch

Monika Flückiger

Geboren 1964. Fotografin, spezialisiert auf Reportagen, Menschen und Reisen. Sie lernte die Autoren durch einen Fotoauftrag der Zeitschrift »Beobachter« kennen. Die Fotos für dieses Buch wurden nicht im Fotostudio aufgenommen, sondern direkt während Feuerkocharbeiten an den ungewöhnlichsten Orten. So entstand im Verlauf eines spannenden Jahres nicht nur eine umfangreiche Sammlung von genussvollen Momenten, sondern auch eine nachhaltige Freundschaft.

2. Auflage, 2019

AT Verlag, Aarau und München
Lektorat: Nicola Härms, Rheinbach, und AT Verlag
Fotos: Monika Flückiger, www.monikaflueckiger.ch
Druck und Bindearbeiten: Firmengruppe APPL,
aprinta druck, Wemding
Printed in Germany

ISBN 978-3-03800-885-9

www.at-verlag.ch

Der AT Verlag, AZ Fachverlage AG, wird vom
Bundesamt für Kultur mit einem Strukturbeitrag
für die Jahre 2016–2020 unterstützt.